「消費」を「投資」へ変える

頭の良いお金の使い方

Drivin' Your Life

午堂登紀雄
米国公認会計士
Godo Tokio

相手を儲けさせれば自分も儲かる
20代は貯金をしてはいけない
気持ちよくオゴり気持ちよくオゴられる

鉄人文庫

目次

第2章 自己投資にお金を使おう

第3章 他人のためにお金を使おう

第4章 自分基準の価値にお金を使おう

第5章 子どもより、まずは自分自身にお金を使おう

第6章 お金が集まる人の習慣を自分のものにしよう

本書は2009年2月に日本実業出版社より刊行された『お金の流れを呼び寄せる　頭のいいお金の使い方』を加筆、修正、再編集し、文庫化したものです。

はじめに

お金の使い方を知れば、お金に振り回されなくなる

お金を使わない人はますます貧乏になる

「えっ、節約すると貧乏になるの？」

いや、そんなはずはない、こんな時代だからこそ緊縮財政で節約しなければならないはずだ、と思う人も多いでしょう。

しかし、本当なのです。

なぜかというと、考えてみれば簡単です。


家計の節約志向が高まる。
▽

モノやサービスが売れない。

◁

企業の業績が下がる。

◁

企業は人件費を減らさざるを得なくなる。

◁

給料やボーナスが下がる。

◁

ますます収入が減る。

そう、**節約は結局自分の首を絞めているだけ**なのです。

しかし、何が起こるかわからない昨今、お金を使うのにより慎重にならざるを得ないと考えるのは当然でしょう。にもかかわらず、同じお金を使っても、ただ自分の資産を減らすだけの人もいれば、ますます資産（お金だけではなく人脈などの人的資産も含む）を増やしていく人もいます。

だからこそ、**使ったお金を無駄にせず、最大限にリターンをもたらしてくれる、生き**

たお金の使い方を考えなければなりません。

でも、そんな使い方は、本当はすごく難しい。なぜなら、「死に金」の使い方なら、誰でもできるからです。ちょっと駅前でパチンコをすれば、あっという間に1万円を使うことができます。誰でも簡単にできることをやっていては、抜きん出た存在にはなれません。

しかし、たとえば部下や同僚が忙しく残業している深夜、「夜食だよ」と言ってコーヒーとドーナツを買ってきてみんなに振る舞えば、わずか数千円でも感謝と尊敬を集められます。つまり「生き金」になるのです。

お金は経済の血液

さて、ちょっと今、財布からお札を取り出してみてください。

それは、自分でつくったお札ではなく、誰かからもらったものです。たとえば勤務先からだとします。では、そのお金はどこから来たのか？　もちろん勤務先のお客さまからいただいたものです。では、そのお金は？　お客さまのそのまた勤務先（あるいはお客さま）からいただいたものでしょう。

そう、お金は「**経済の血液**」といわれるように、循環してはじめてその機能を発揮します。逆に循環させなければ、お金の機能は失われます。水が淀むと腐るように、お金も淀むと腐ります。つまり、**その人にお金が流れ込んでこなくなる**ということです。

私たちは好むと好まざるとにかかわらず、お金を循環させる社会システムの中で暮らしています。逆にいうと、お金を使わない人は、社会のシステムから外されるということです。

部屋の空気を入れ換えるときに、片側の窓だけを開けるより、反対側の窓も開けたほうが風が抜け、スムーズに空気が入れ換わります。お金も使わないでせき止めてしまうと、お金が滞留し、新たなお金が入ってきません。それでは「お金持ち」ではなく、単なる「貯金持ち」に過ぎず、「リッチ」になることはできません。

お金を使えば自分の世界が動く

日本の高齢者には、銀行や郵便局には何千万円という貯金がありながら、何かあったら困るからと使いたいのを我慢して、結局、多額の資産を抱えたまま亡くなってしまう人が多いそうです。あの世にはお金を持っていけないにもかかわらず……。

けれども、社会保障制度がひっ迫している昨今、高齢者の不安を取り除き、彼らにお金を使ってもらい内需を拡大するのは期待できそうにありません。

だから経済情勢が不安なときこそ、**次の日本をつくる私たちが、お金を使わなければならないのです。**

みんな腰が引けてお金を貯め込んだままだと、お金が動かない。モノが動かない。結果として、経済は回らず停滞するだけです。みんながお金を使わないときだからこそ、自分はお金を使う。それが経済を活性化させることにつながります。

その他大勢の人たちと同じ行動をするのではなく、逆の行動をする。みんなが使わないからこそ、使ってあげると相手は喜びます。抽象的だけれど、それがチャンスをつかむことにつながるのだと思います。

お金を使うことによってはじめて、周りの環境が動きます。たとえば広告を出すと、それを見た人が反応し問い合わせてきます。専門学校などのスクールやセミナーに行けば、自分の能力が高まります。会いたい人を食事に招くことによって、新しい人脈が築けます。

お金は貯めるだけでは何も起こりませんが、お金を使うことで人・モノ・情報が動き、自分の世界に変化が起こります。

自分のために使えば自分が高まるし、人のためにお金を使えば人とのつながりが深まる。現代社会では、**私たちはお金を使いながら自分の人生をつくっていく**のです。

大事なのはいかにお金を使うか

「一度しかない人生、自分の好きなように生きたい。そのためには安定した経済基盤が必要だ」

「そうだ、投資をして増やそう」

そう決心した当時32歳で普通の会社員だった私の手元にあったのは、わずか70万円の貯金だけでした。その70万円が、1年後には3億円の資産に成長しました。

このあたりのことは『33歳で資産3億円をつくった私の方法』（三笠書房）に詳しく書いたので、興味のある方はぜひそちらを参照いただければと思います。

あれから約20年。今は起業家・投資家・作家として活動していますが、自分の会社の財務諸表を見ると、これまで数十億円ものお金を使ってきました。個人で持っているクレジットカードの請求明細を見ると、年間500万円以上使っています。

そんな状況になってわかったことがあります。それは、**お金をいくら持っているかということよりも、それをいかに使うかが、自分の生活に彩りを添え、さらに充実した人生をつくってくれる**ということです。

本屋に行けば、株やFXを扱ったいわゆるお金儲けの指南書が、何冊も所狭しと並んでいます。ところが、お金をどういうふうに使ったらいいかを教えてくれる本となると、こちらのほうは一気に少なくなります。

お金を貯めたり増やしたりする方法にはとても関心が高いのに、使い方にはほとんど興味がない。あるいは、お金を使うのは簡単だということでしょうか。

確かに浪費するのは簡単です。しかし、自分の人生を変え、人に貢献し、より満足度を高める使い方は思いのほか難しいものです。

つまり、本当に大切で難しいのは、実は稼ぐことより使い方であると断言できます。お金があれば人生は快適かつ豊かになるというのは、基本的には間違っていないでしょう。けれども、お金は人並み以上にあるのに、人生の満足度は人並み以下という人も世の中にはたくさんいます。

お金は使い方の難しい道具

お金というのは、しょせん道具に過ぎません。その道具をどれだけたくさん持っていても、使いこなせなければ宝の持ち腐れです。あるいはもし使い方を間違えると、「セコイ」「ケチ」「みみっちい」という烙印を押されてしまいます。

「お金を稼ぐのに教養はいらない、しかしカネを使うには教養が必要だ」という養老孟司氏の言葉を聞いたことがあります。

実際、お金を稼ぐのは、それほど難しいことではありません。今の日本ではわがままさえ言わなければ仕事はいくらでもありますし、ある程度お金が貯まったところで不動産を買ってそれを人に貸せば、よっぽど外れた物件を買わない限り、安定的な収入を得ることができます。アフィリエイトも、根気さえあれば誰でも稼げます。

けれども使い方のほうは、そうはいきません。

私は仕事柄、数多くの成功者と呼ばれる人や、逆に貧困からなかなか抜け出せない人と出会ってきました。彼らを隔てることのひとつが、「**お金の使い方**」です。成功者のお金の使い方はとにかく「粋」です。大事な場面ではドバッと使い、無駄（と本人が考えている）ことにはビタ一文払わない。いわゆる「**生き金**」となる使い方をしているのです。

逆に、貧しい人はお金の使い方も貧しく、小さなお金も出し惜しみします。人を誘っておいて「割り勘にしよう」と言う。海外に行ってチップを惜しむ。謝礼をケチる。振込手数料を差し引いて振り込んでくる。「代金は50万円です」と言っておいて、届いた請求書には消費税が別途計上され、55万円になっている。彼らは万遍なくケチるので、セコイ場面だけが記憶に残ります。結局、同じお金を使っても死に金になるだけです。

悪徳業者でもない限り、お金の稼ぎ方にはそれほど人格は出ませんが、**使い方には全**

人格が出ます。その人の器の大きさや人間性が、お金の使い方で見えてしまうのです。同じ金額のお金を使いながら信用を得る人がいる一方で、信用を失墜させてしまう人もいるということに、もっと自覚的になったほうがよいと思います。

自分の中に明確なお金の基準を持つ

私はこれまで何人ものお金持ちと呼ばれる人たちと出会ってきました。その中には、お金持ちの状態が長続きしない人もいます。

そういう人は、高級マンションに住んで高級車を乗り回すというように、目先の欲望を満たすことから始めてしまい、いたずらに資産を目減りさせる傾向があります。

おそらく自分の中に、「何にお金を使うべきか」という軸がないために、万遍なくお金を使ってしまうのでしょう。

あるいは宝くじに当たるなどして一瞬でお金持ちになった人の中には、すぐにそのお金を使い切って破綻してしまう人がいるという話を聞くのは、おそらく自分の中の「お金を扱うキャパシティ」を超えた額のお金に翻弄されてしまうのでしょう。

一方、つねに稼ぎ続けているお金持ちというのは、感情によってお金の使い方がゆるがない印象があります。儲かってもいちいち舞い上がってはしゃいだりせず、使うべきところと使わないところを明確に線引きしているようです。

ある資産家の知人は、いつもたいへん地味な格好で、買い物をするときも値段と品質を吟味し、けっして衝動買いをしません。

ではケチなのかといったらそんなことはなく、友人と食事をするときなどは必ず最高級の店を選び、数十万円を支払っても平気な顔をしています。たった1時間だけ人と会うために、新幹線代も飛行機代も惜しまずやってきます。

要するに、**自分の中に確固たる価値基準ができあがっているので、何にお金を使うかが明確**なのです。

自分が価値を感じるものには心おきなくお金をかけるが、そうでないものには1円たりとも払わないというお金の使い方が、「お金を守り、増やす」を体現しているお金持ちの特徴のひとつではないでしょうか。

また、お金持ちの家に行くと、家具などは高級品でも、意外にモノが少なくシンプルであることに気がつきます。

おそらくお金持ちというのは、無駄なものを買わないからモノが少ない、だからすっきりしているのでしょう。あるいは、過去に買ったものに執着しないから、不要なものを捨てられる。そういう決断力があるのだと思います。

これとは対照的に、貧乏な人の部屋には、モノがあふれています。たいして必要でもないものを衝動的に買い、しかもいったん買ったものはなかなか捨てる勇気がないので、こうなってしまうのではないでしょうか。

もしかすると、彼らが今の生活から抜け出せない理由の一端は、必要なものと不要なものを峻別する力がないからなのかもしれません。

もちろんお金は使えば減ります。けれども、ただ減るだけのお金の使い方をしていたら、それは「消費」でしかありません。

しかし、お金と引き換えに知識や経験が手に入ったり、友人が増えたりして、使ったお金以上に自分にプラスになって跳ね返ってくるならば、それは「**投資**」です。

消費しかできない人がお金を持っても、すぐになくなってしまいます。しかし、投資としてのお金の使い方ができる人ならば、仮に今の収入が多くなくても、ゆくゆくはその人の人生は確実に豊かになり、ますます大きなお金の流れを呼び寄せるでしょう。

私も、かつてはお金の使い方がヘタでした。クルマの改造に狂い、エンジンをチューニングするのに１００万円ものお金をかけていました。「あれば使う」という状態では、そこそこ年収が高くても、貯金が70万円しかないのは当然です。

しかし、成功者と呼ばれる人たちとの交流を通じて、少しずつお金の使い方を学んできました。もちろん今でもまだまだ未熟者ですし、「あのとき、ああしておけばよかった」という反省もあります。

本書では、そんな私自身の経験と学びの中から、「生き金」となるお金の使い方を考え、より自分にお金が舞い込む思考と技術をお伝えします。

本書が「人生の満足度を高めるお金の使い方」を考えるきっかけになれば、著者としてたいへんうれしく思います。

貪欲にお金を使おう

第1章

収入の範囲内で生活する発想をやめる

日本人の中には、「贅沢《ぜいたく》をするのはよくない」と考える人が多くいます。

しかし、本当に贅沢はよくないことなのでしょうか。私はむしろ、贅沢はどんどんしたほうがいいと思っています。だって、そのほうが楽しい人生を送れるじゃありませんか。

収入の範囲内で生活できるように支出を切りつめ、何十年も節約生活をするのであれば、いったい何のために生きているのか。ただ生きるだけなら動物でもできる。でも、贅沢を楽しもうという発想、贅沢を楽しめる余裕を身につけることで、生活に彩りを添えることができます。

友人とおしゃべりをしながら、おいしい料理とおいしいお酒があると楽しいですよね。高級スーツを身にまとえば、気持ちが引き締まるので、品のある言動になり、品のある扱いを受けられます。高級車に乗れば、走行会でハイクラスのオーナーと知り合えます。数百万円もする高額セミナーに行けば、志の高い人と出会えます。

「そんなことといったって、お金がないよ」

そういう指摘を受けるかもしれません。収入が減ったり、経済不安が起こったりすると、とたんに財布のひもを堅くする人が増えます。これがそもそも間違っています。

会食を減らすと人とのつながりを広げたり深めたりする機会が減り、貴重な情報も入ってこなくなるかもしれません。

本を買わずに図書館で借りると、ページを折ったり書き込んだりできず、やがて返却しなくてはなりませんから、自分の血肉になりにくいでしょう。わずか数円の節約のために細かく調べたりあちこち走り回ったりすると、膨大な時間が失われます。こんな発想では、自ずと縮小均衡に陥ってしまいます。

企業も同じで、不景気になると、広告宣伝費や研究開発費を削ることがあります。だからますます売上げが減少します。

そうではなく、**不景気だからこそ集客につながる広告や販促、新商品や新サービスの開発にお金を使う**のです。

私の会社でも、売上げが落ちてきたら、まずマーケティング予算を増やし、集客にお金を使います。削るのは、集客と顧客満足に関係ない部分です。

個人も同様に、**生活不安が大きい現代だからこそ、より収入を増やす方向にお金を使う**のです。人脈を広げるために飲食費にお金をかける。スキルを高めるために本やセミナーにお金をかける。複数の収入源をつくるために週末ビジネスを立ち上げ、業者に依頼し見栄えのよいホームページをつくる。検索上位になるようにＰＰＣ広告にお金を使う。そうやってまずは収入を増やす方向に舵を切るのです。

お金がないことを理由に自分にブレーキをかけない

普通の人は万遍なく財布のひもを引き締めようとします。しかし、それでは自分の世界が広がらないため、生活不安におびえたまま、長期間ひっそりと我慢して暮らすしかありません。そんな生き方が嫌だと思えば、今こそ収入アップに頭とお金を使うことです。

たとえば、年収が200万円のときは、1本3000円のワインを選ぶかどうかで迷います。けれども、年収が1000万円になったなら、1万円のワインを選ぶかどうかで迷い、年収が3000万円になったなら、3000円のワインも1万円のワインも両方買うことができます。

小さな世界で満足するか、あるいは大きな世界を知って、もっと満足を追求しようとするか。**お金があれば経験できる選択肢が広がり、未体験の大きな満足を得ることができます。自分の世界を変えようとすれば、付き合う人も変わり、それがまた自分の世界を変えることにつながります。**

自分の生き方については、つねに大きく豊かになる方向で考える。**お金がないことを理由に、贅沢の追求に心のブレーキをかけないことです。**

節約に頭を使うより、
収入アップに頭を使おう！

お金を使うことだけが贅沢ではない

一人で暮らしていれば、たとえば暇だなと思ってネットフリックスやHuluで映画を観るかもしれません。スマホでSNSやネットサーフィンをしているかもしれません。街に買い物に繰り出すかもしれません。

しかし好きな人と一緒なら、たったコーヒー一杯でも至福の時間を得ることができます。

普段忙しくてなかなか自分の仕事を片付けられない人にとっては、週末に出社して誰もいないオフィスで仕事をするのは、邪魔の入らない贅沢な時間だといえます。

出張先のホテルで一人の時間を過ごすのも、家庭のある人にとっては、久しぶりに一人でいろいろと考えを巡らすことのできる、贅沢な時間になるかもしれないのです。

このように、贅沢というのはその人が何をそう感じるかですから、お金がなければ贅沢ができないということではないし、お金をかけることだけが贅沢ということでもありません。

つまり、自分の満足度を高める本当の贅沢のためにお金を使うというのは、実はかなり頭を使わないとできないことなのです。

お金を使うのはすべて投資

では、頭を使うとはどういうことでしょうか？　それは、**お金を使うことを投資ととらえる**ということです。つまり、「その出費によって、どんなリターンが見込めるのか？」「相手にとって、あるいは自分にとって、どういうメリットをもたらしてくれるのか？」、そう意識しながらお金を使うということです。

私は、自分から誘って食事をするときは、必ず自分が全額支払います。人と人との出会いは一期一会といわれます。どんな相手であっても、一緒に酒食を共にできる機会というのは、一生のうちでそんなにあるわけではありません。だから私は、できるだけおいしい料理やお酒でもてなしたいし、支払いの心配もさせたくありません。

そうすれば、私と過ごした数時間が、相手の記憶によい印象として残るかもしれません。もしかしたら、また私と会いたいと思ってくれるかもしれません。それが縁で、親友になったり仕事につながったりと、発展するかもしれません。

そんな飲み代は、私にとってはよい人間関係を築くための投資なのです。

その代わり、一人で食事をするときは、本当に簡単なもので済ましてしまいます。高価で美味なるものを味わって食べても、一人では、そのときの自分の舌が満足するだけで、しょせんは自己満足の世界に過ぎません。だったら、さっと食べて他のことに時間とお金を使ったほうがいいと思うのです。

また、待ち合わせの時間に早く着いてしまったとき、サラリーマン時代の私は、たいていコンビニで雑誌の立ち読みをして時間をつぶしていました。

しかし今は、少しでも時間があれば、喫茶店を探して入るようにしています。数百円のコーヒー代を払うことになりますが、書類に目を通したり、本を読んだりできることを考えれば、有効な投資です。

移動も電車で30分かかるところがタクシーで10分なら、迷わずタクシーを選びます。浮いた20分の時間プラス車内で電話するなど有効活用すれば、タクシー代を余計に払っても十分お釣りが来ると考えるからです。

参加したいと思ったセミナーの日程が、ちょうど旅行の予定と重なってしまった場合、どうしてもそのセミナーが自分にとって重要だと判断したら、私は旅行をキャンセルします。

日時が迫っていれば当然キャンセル料が発生しますが、大切なセミナーに参加するための必要経費だと思えば、キャンセル料も立派な投資。

問題解決能力は、普段は常識だと思われていることを一度疑って、一つひとつ自分の目で確認することで養われます。

お金の使い方も同様に、**「その出費は自分に何をもたらしてくれるのか」「自分はいったいどういう価値にお金を払っているのか」**を面倒くさがらずに**いちいち立ち止まって考えてみる**ことが大切です。

つねにリターンを意識してお金を使おう

お金を使う人がなぜ幸せを手に入れられるのか？

お金を使わない人よりも、お金を使う人のほうが幸せそうに見えるのは私だけでしょうか。

普段は家と会社の往復のみで、買い物は週末にディスカウントストアに行く、という生活なら、確かにお金は貯まるでしょう。

けれども、自分にお金をかけなければ成長しませんし、人間関係づくりにお金をかけなければ、新しい出会いもなく人脈も広がりません。結局、**人生が大きく広がるチャンスにも恵まれない**ように思います。

たとえば、自分の内面磨きにお金を使えば、スキルが向上し稼ぎ力が高まります。着こなしや肌の手入れなど外見磨きにお金を使えば、自分をより魅力的にプレゼンテーションできます。人との関係づくりにお金を使えば、すてきな人と出会える可能性が高まります。

そんなふうに努力している人は、たとえ本人にお金がなくても、周りから支援（金銭以外にも情報提供や人の紹介、実務サポートなど）してもらえます。

資産家や投資家に認めてもらえれば、貯金なんてゼロでも問題ないことだってあるでしょう。

自分磨きにお金を使えば、逆にお金が入ってくる

私の友人で、この法則を体現している女性がいます。彼女はまだ20代ですが、徹底的に自分と他人との関係づくりにお金をかけます。

セミナーや勉強会に誘われたら、会費が2万円だろうと5万円だろうと、躊躇《ちゅうちょ》せず参加します。

自分磨きにお金をかけると……

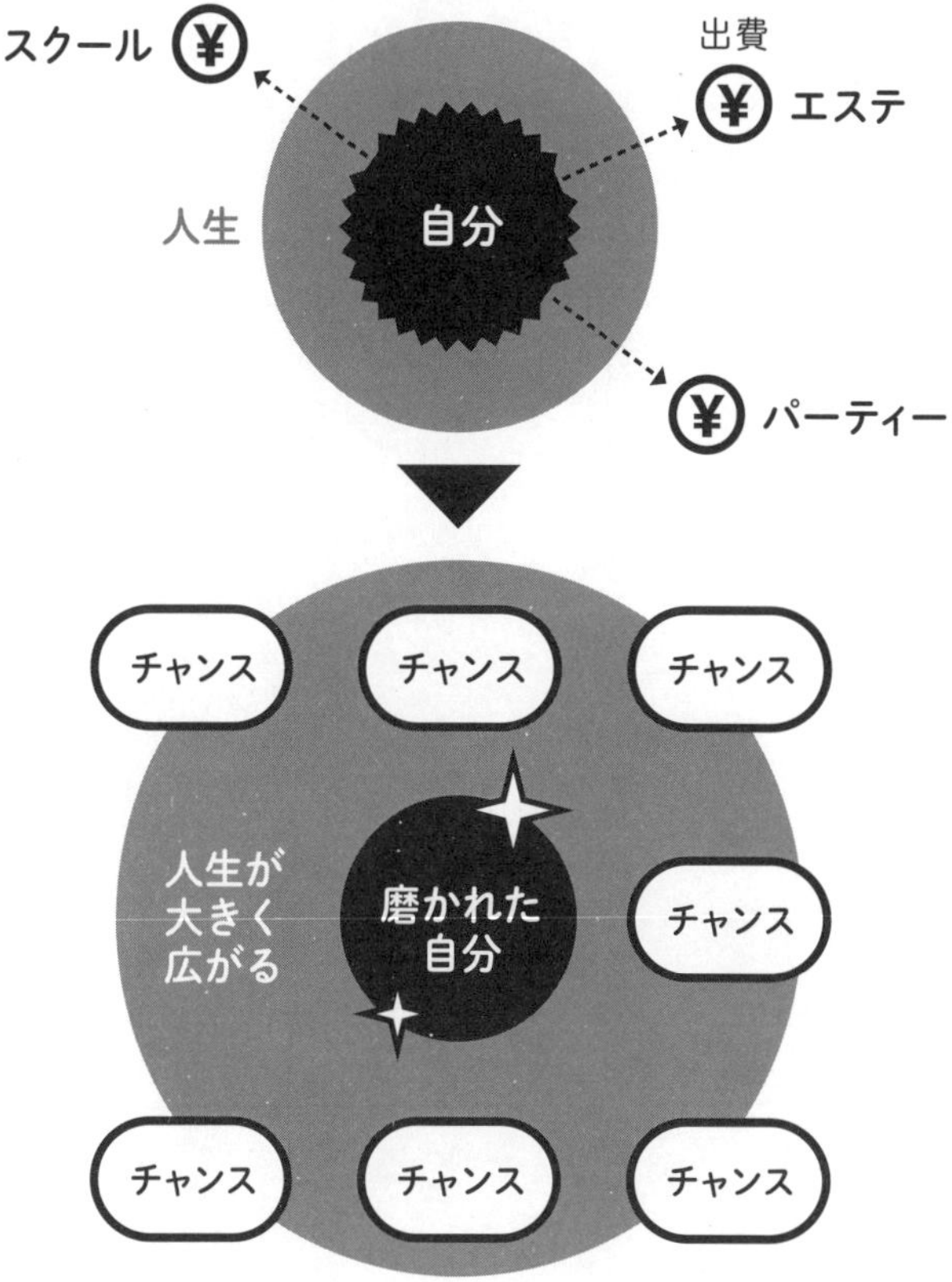

人生が大きく広がりチャンスが増える

20代半ばの彼女にとっては、相当な出費だと思いますが、ためらう様子がありません。わからないことを素直にわからないと講師に聞くので吸収も早いし、すぐに講師や参加者と仲良くなります。

パーティーにも誘われたら必ず参加し、得意のピアノを無料で演奏します。相手から見ると、とても誘い甲斐のある人に映りますから、ますます誘われ、パーティー会場でもいろいろな人を紹介してもらえます。

彼女は外見磨きにも余念がありません。月に一度は必ず歯医者と美容院に行き、肌のシミをとるレーザー治療を受けたり、まつげのエクステをつけたり、新しいエステにもよく行っています。

このように収入のすべてを自己投資につぎ込んでいるため、当然ながら彼女には貯金はほとんどありません。

ところが、そんな彼女は大学を卒業してからというもの、贅沢品は自分のお金で買ったことがないそうです。つまりすべて相手（恋人・取引先・会社社長）にお金を出してもらっているのです（もちろん愛人業やパパ活などではありません）。

バッグも洋服も時計もアクセサリーもすべて買ってもらい、高級レストランもすべて相手のオゴリ。遊びの海外旅行代すら出してもらったことがあるというツワモノです。
しかも彼女はねだったりすることはなく、あくまで健全な付き合いにもかかわらず、いつも相手から「何かプレゼントしたい」と言われるというのです。

そして自己資金ゼロで、すべて周りの会社社長たちからの出資やサポートを受けて、自分の事業を立ち上げました。

まだ20代半ばの女性ですよ！　もちろん、天真爛漫《てんしんらんまん》な彼女の性格も貢献していると思いますが、お金を使わず貯めている人と比べて、どちらがより多くのチャンスを手に入れるかは明白ですよね。

自分磨きにお金を使い、すてきな人をゲット！

同じお金を使って「死に金」にする人、「生き金」にする人

世の中には、同じお金を使っても「死に金」にする人と「生き金」にする人がいます。

ここに二人の部長がいます。二人の部長はそれぞれ気を遣い、部下たちにオゴってやろうと、1万円札を渡しました。

そのときにA部長は、「みんなで一杯やってきてくれ」とひとこと言って1万円札を渡します。しかし、これだと、「1万円ぽっきりで飲めるはずないだろ！　部長のケチ！」となります。

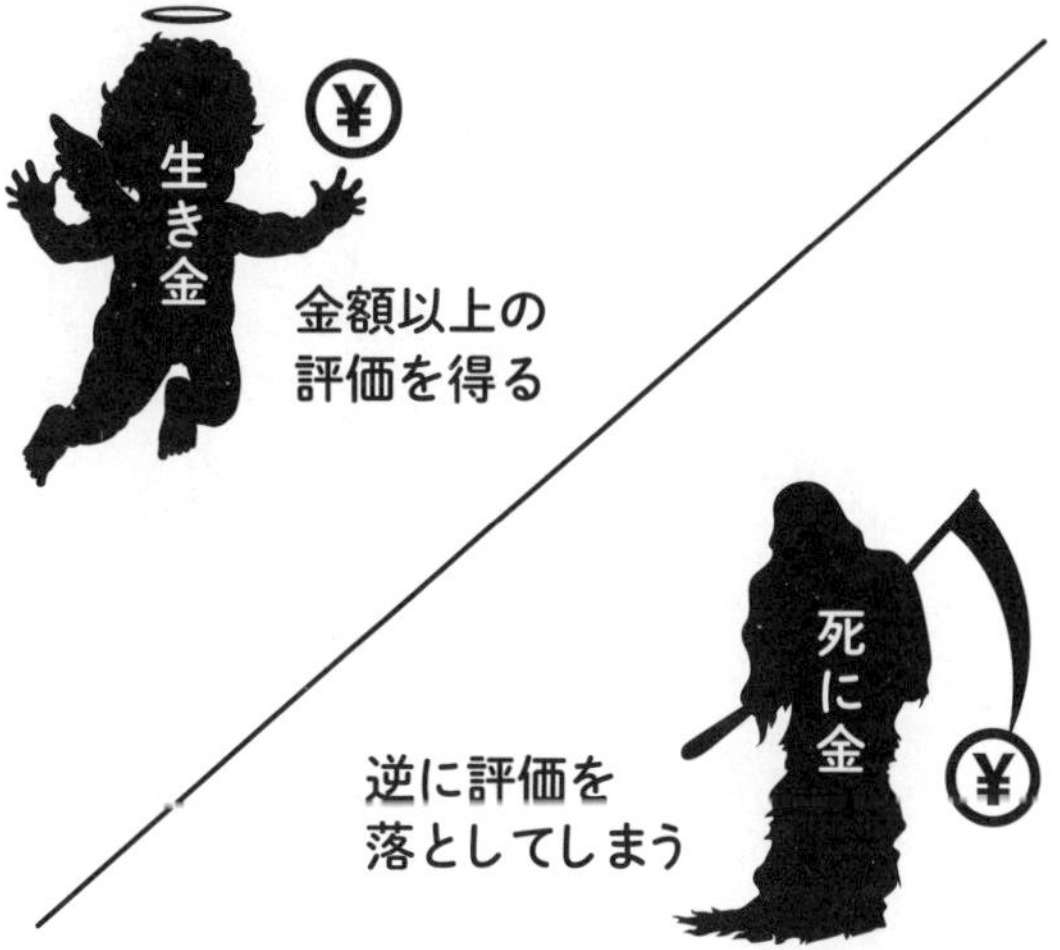
生き金
金額以上の
評価を得る
死に金
逆に評価を
落としてしまう

それに対しB部長は、「みんなでお茶でもしてきてくれ」と1万円を渡すと、「すごい太っ腹！　部長、ありがとうございます！」というA部長とは反対の結果になります。「飲み代」だと1万円は少なく映りますが、「お茶代」だと1万円は大金に映るからです。

この場合、同じ1万円を使っただけですが、A部長はケチとののしられ、B部長は太っ腹と尊敬されます。

A部長は1万円も使ってわざわざ自分の評価を落とし、B部長はたった1万円で3万円くらいの効果を上げたわけです。どちらが生き金でどちらが死に金か、わかりますよね。

こんな場面はたくさんあります。

上司が部下に「今日ちょっと一杯やっていくか」と言ったとします。本人はオゴるつもりでいい気分かもしれませんが、部下としてみれば、「上司の誘いだから仕方なく行くか」と、ありがたみを感じないでしょう。

さらに、そこで説教や自慢話を始めたら、「せっかく付き合ってやってんのに！」とむしろマイナスになります。こうして上司は2万円の飲み代を死に金にしてしまいます。

反対に「今回の仕事はご苦労様。キミのおかげでうまくいったよ。慰労も兼ねて一杯どうだい？」とオゴる理由を伝えてから誘う。そしてそのときは、完全に聞き役として脇役に回り、「さあ、どんどん食べて飲んで」と歓待するのです。

こうすると部下は恐縮し、上司に感謝します。ここで使った2万円は、言うまでもなく生き金です。

相手が感謝するのは、金額の多寡でもなければ高級店かどうかでもありません。「**自**

分のために貴重な時間とお金を費やし、歓待してくれた」という心遣いに感謝するのです。だから、そこを突くべきなのです。

チップはいつ渡すべきか？

温泉旅館に行って、行き届いたサービス、おいしい料理、細やかな心配りに感心し、チェックアウトのときに感謝の気持ちを込めて、女将にチップを渡すのはよくある光景かもしれません。

しかしこれは死に金です。チップの使い方としては正しいですが、お金の使い方としては単なる自己満足に過ぎません。

チップは先に渡すことで、最初から上客として扱われます。そうすれば旅館に滞在中、ずっと上級のサービスを受けることができます。これが生き金となるお金の使い方です。

旅館に限らずクラブやレストランでも同じです。会計時にチップを渡すのでは遅いのです。

要するに、**「オゴる」「チップを渡す」というのは、最少の予算で最大の効果を見込む、極めて戦略的な行為**というわけです。

同じお金でも、一方ではありがたがられないばかりか、評価も落とす「死に金」としての使い方をしてしまう人もいれば、使った1万円が5万円分にも10万円分にもなる「生き金」としての使い方をする人もいます。後者は、少ないお金で大きな効果を生む使い方ができるので、さらにお金が集まってくる。

ちなみに私は……まだまだ未熟者です（苦笑）。

「生きた」お金を使っていますか？

借金のプレッシャーに勝つ

多くの人は、「借金は悪」「借金はすべきではない」「借金は怖い」という価値観を持っているのではないでしょうか。

借金というのは、目的を達成するために必要な資金を手当てする、資金調達の一手段です。つまり借金そのものに「善」や「悪」といった色がついているわけではありません。もし借金がよくないというのなら、多くの企業活動は成り立たないことになってしまいます。

たとえばマイホームを購入するときは、借金は悪だと信じ込んでいる人も、たいてい

「住宅ローン」という借金をします。それも数千万円単位の借金です。

しかし借金を嫌悪しているうえに借金に慣れていないため、自分が多額の借金を背負っていること自体がたいへんなプレッシャーとなって、その人の人生にのしかかってきます。

それで彼らはどうするかといったら、一刻も早くそのプレッシャーから逃れようと、収入の3分の1以上の金額をローン返済に充てるなど、無謀な返済計画を立ててしまいます。

その結果、予想外の病気やリストラなどによって収入と支出のバランスが崩れると、支払いに耐え切れず破綻してしまうリスクにさらされます。

一方、借金を目的達成の一手段だと冷静にとらえられる人は、ボーナスに頼らず毎月の返済額を収入の5分の1以下に抑える計画を立て、余裕ができたら繰り上げ返済をします。

あるいは、余裕資金をあえて返済に回さず収益不動産を購入し、その家賃収入を住宅ローン返済に充てて、定年後の資産形成を盤石にすることを考えるかもしれません。

要するに金融が発達した現代においては、借金という選択肢を最初から外してしまう理由はなく、借金もまた選択肢のひとつと考えて利用できる人のほうが、圧倒的に有利なのです。

借金と冷静に向き合うというのは、収入と支出を計画的に考え、リスクを想定し、そのうえで返済原資の確実性を高めるということですから、ファイナンシャル・リテラシーの基本でもあります。

つまり、**借金のプレッシャーに弱いというのは、お金のリテラシーが低い**というのと同義なのです。

良い借金と悪い借金

借金には「良い借金」と「悪い借金」があるという考え方は、かなりポピュラーになってきています。

しかし、まだその考え方を使いこなせていない人のほうが多いように思います。つまり、「良い借金」をできる人が少ないということです。

良い借金とは、**より多くの収入やチャンスをもたらしてくれる借金**です。一方、悪い

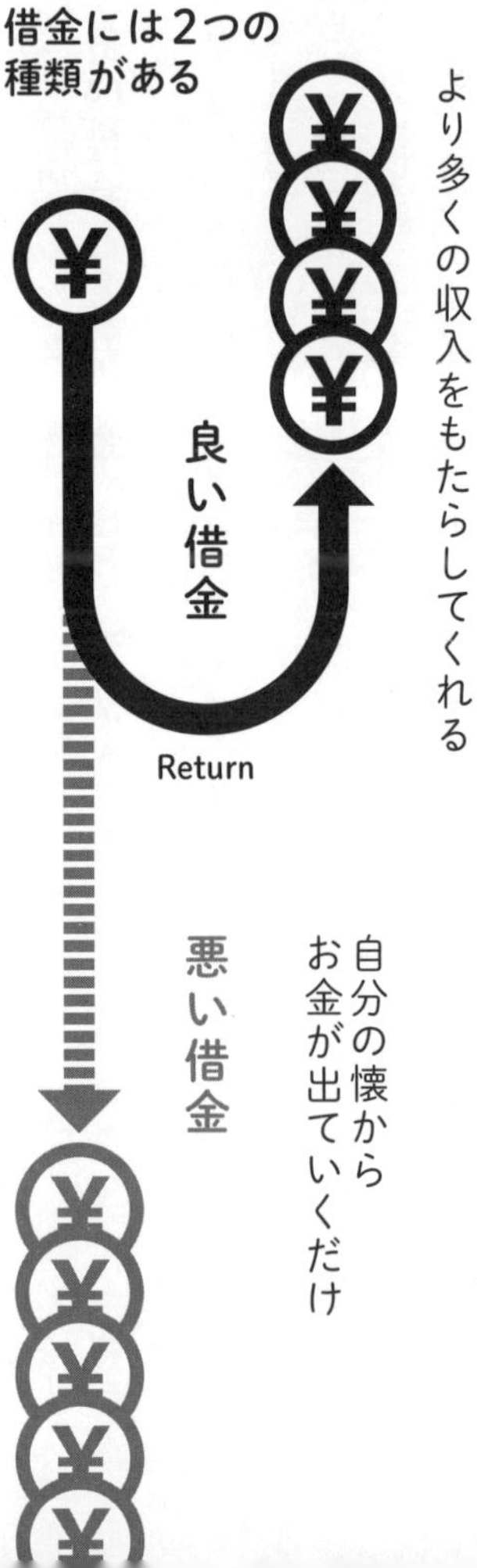
より多くの収入をもたらしてくれる
借金には2つの種類がある
良い借金
Return
自分の懐からお金が出ていくだけ
悪い借金

借金とは、**自分の懐からお金が出ていくだけの借金**です。

たとえば前述の住宅ローンは自分の懐からお金を出さないといけません。消費者金融も、結局は自分の財布の中からお金が出ていくだけです。

このように、ＡＴＭにクレジットカードを入れたり、無人契約機で「お金を借りたいんですけど」と言えばいいだけなので、悪い借金は簡単なのです。そして簡単だから、あとで苦しい状況に陥ります。

では、賃貸用不動産を借金して買うのはどうでしょう。ローン返済はすべて入居者からの家賃収入でまかなわれますから、白分の懐は痛みません。それで余ったお金を投資に回せば、さらにお金が増える。

全額自己資金で投資するより、銀行からお金を借りて投資したほうが、より多くのリターンを得られるのです。

簡単に見えますか？

しかし**良い借金をするにはインテリジェンス、すなわち知性が必要**です。学び考え工夫しなければならないということです。

たとえば不動産ならば、継続的に収益がもたらされ、問題なく返済が進むように、きちんと入居者をつけられる物件を選ぶこと。シミュレーションして、賃料や金利の多少の変動にはビクともしない状況を維持できる根拠をつくること。管理会社と一緒に賃貸経営をしていくパートナーシップをつくること。

こうしたインテリジェンスを磨くのが面倒だと感じるなら、それはそもそも借金をしてはいけない人です。

そう、これは確かに面倒くさい。だから**その面倒くささに打ち勝った少数の人だけが、良い借金をできて、より多くの収入を手にすることができる**のです。

より多くの収入をもたらしてくれる良い借金をしよう

あなたの行動は誰かに支配されている

経済不安は高まりつつありますが、日本の世帯の平均貯蓄額は約1400万円もあるそうです（貯蓄ゼロ世帯も含めた平均値）。そこには、お金はあるのに使わない、だから消費が伸びず景気も上向かないという日本の構図が透けて見えます。

資産の大部分を持っているのはお年寄りです（60代以上の世帯平均貯蓄額は2000万円超）。彼らがお金を使わないのは、これから年金がどうなるかわからないとか、医療費アップや増税があるかもしれないとか、福祉が切り捨てられたらどうしようとか、要するにこの国が最後まで自分たちの面倒を見てくれるかどうか不安だからではないでしょうか。

では、その不安の出どころはいったいどこでしょうか？ 私はマスコミ報道だと思っています。

このままいったら日本の年金制度は破綻する、消費税増税で家計はますます苦しくなる、とテレビや新聞、雑誌が散々煽《あお》るものだから、いつしかそういう空気がこの国全体を覆い尽くし、その空気を吸った国民は緊縮行動に走り出してしまっているのです。

一人が1円、財布のひもを堅くすると、約1億円の内需が減退します。1000円引き締めると約1000億円の内需が消えてしまいます。当然、企業業績も下がります。企業業績が下がれば給与を減らさざるを得ません。「はじめに」で書いた通り、結局、自分たちの消費行動が自分たちの収入を目減りさせているのです。

誤解しないでいただきたいのですが、マスコミの報道に根拠がないと言っているのではありません。ただ、マスコミ報道に自分の行動を支配されてはいけない、と言いたいのです。

今はお金を使わないほうがいいと考えている人は、いったい何を根拠に、何を信じてその行動をとっているのか、今一度冷静になって考えてみてもらいたいと言っているのです。

将来が不安だから自衛のためにお金を貯めておくのもひとつの見識ですから、それ自体は悪いことではありません。

けれども、大事なのはマスコミのつくる時代の空気や社会の風潮に合わせることではなく、**自分の価値観ベースで考え判断し行動すること**です。

そして、お金持ちほど周囲に流されず、自分の価値観にこだわってお金を使う傾向にあるのもまた、確かに言えることなのです。

お金はお金を使う人のところに集まる

お金というのは情報に似ていると言ってもいいかもしれません。たとえば、ある映画を観てものすごく感動したとき、すぐに友人に電話をして「素晴らしい映画を観たよ」と伝えるタイプの人のところには、「この映画もおもしろいよ」「今こんな映画が流行っているよ」という情報が集まってきます。

食べるのが趣味で、おいしいレストランを見つけるとすぐに自分のブログで紹介する人には、「ウチの店も紹介してください。半額で招待しますから」とたくさんのレストラン情報が送られてきます。

美容に関心があり、化粧品のブログを書いている人のところには、メーカーからサンプルや新製品発表会のお知らせが届きます。自社の商品を宣伝してもらいたいと考えるからです。私もブロガーを自分が経営していたエステサロンに招待したことがあります。

書評ブログを書いている人のところには、著者から献本されるようになります。著者は少しでも自分の本を紹介してもらいたいと考えるからです。御多分に洩れず、私も献本しています。

ところが、情報を独り占めして発信しない人のところには、新たな情報は入ってきません。誰もその人に情報提供するメリットを感じないからです。

テレビ局や出版社を見れば明らかなように、情報は発信するところに集まります。同様に、お金も使いっぷりのいい人のところに集まります。なぜなら、企業はそんな人を大歓迎し、貴重な情報や人脈を最優先で提供するからです。

お金持ちがますますお金持ちになるのは、**お金を使って周囲に貢献していることを提**

示できているからです。

たらいの水理論

私の尊敬する大富豪があるとき、「お金というのは、たらいの中の水のようなものだ」と教えてくれました。手元にかき集めようとすると脇からこぼれて逃げていってしまうが、押し出す、つまりお金を使うと集まってくるのだというのです。

私が会社の宣伝の一環としてセミナーを始めたとこ

お金はたらいの中の水のようなもの

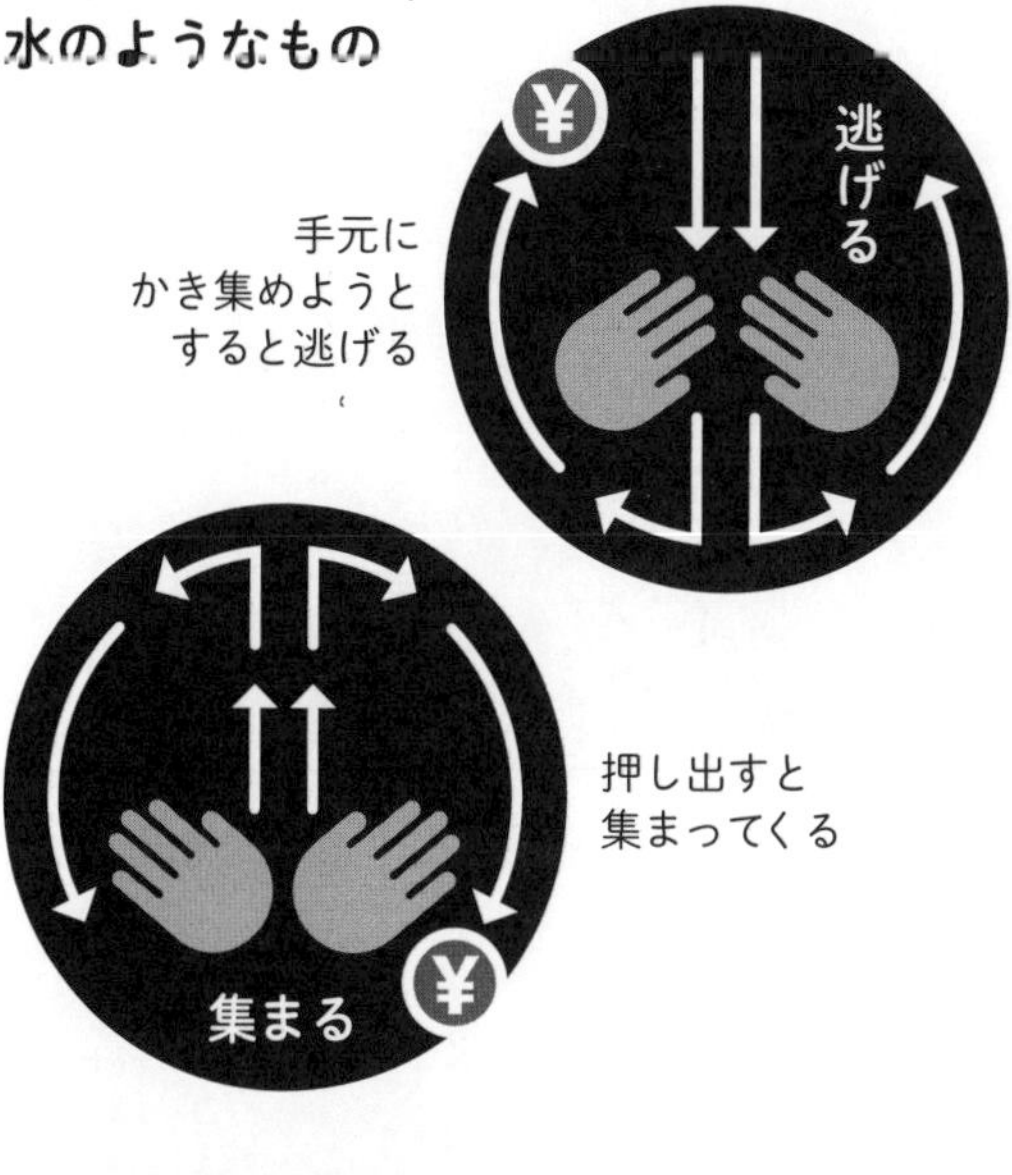
逃げる
手元に
かき集めようと
すると逃げる
押し出すと
集まってくる
集まる

ろ、まさにそのことを実感しました。最初のころは講師の依頼があっても、特にこちらから金額の条件を言うこともなく、極端な話、無料で引き受けることも少なくありませんでした。もちろん報酬がないからといって手を抜いたりはせず、毎回入念に下準備をして臨みました。

すると、さいわいなことにセミナーを受講してくださった方が、好意的な感想を自分のブログに書いてくれたりして、「午堂のセミナーはニュートラルな視点で役に立つ」という評判が、だんだんと口コミで広がっていったのです。

すると、今度は依頼先のほうが、それなりの講演料を提示してくれるようになりました。現在（コロナ禍以前ですが）もかなりの数のセミナーをこなしていますが、聞かれない限りこちらから条件を出すことはありません。けれども、待遇は徐々によくなっています。

もし私が当初から、「これだけいただかないとやりません」という態度でいたら、おそらく私の知名度も上がらず、ビジネスもここまで拡大していなかったでしょう。確かに最初は持ち出しでしたが、あとから何倍にもなって、現在の私の仕事に返ってきているのです。

改めて、「**お金はあとからついてくる**」ということを実感しました。

「損して得とれ」とも言いますが、目の前の小さなお金を得ることにしがみつき、そのあとに得られるであろう大きな獲物を逃さないようにしたいものです。

お金はいい使い方をしている人のところに集まる

今日から
お金を使おう

人の一生にはいくつも分岐点があり、そこでどの道を選択するかによって人生が決まってくるといわれます。

ということは、**今の自分の年収が300万円なら、それが今までの選択の結果ですし、年収が3000万円なら、そうなるような選択をしてきただけ**だといえます。

だから、もし年収を3000万円にしたいのなら、それにふさわしい選択のできる人間に変化しなければなりません。思考パターンや消費パターンが年収300万円のままならば、3000万円にはなりません。

　そのためには、やはり自分に投資することです。毎日自宅と会社の往復だけでは、新たな能力やスキルも身につかなければ、人脈も広がりません。これではいくら自分の器を広げようと思ってもなかなか難しい。


　たとえば、月給20万円の若い社員が、スマホゲームでアイテムを購入したり、動画視聴サービスに入会するのは、お金の使い方としてはめずらしいことではありません。

　わずか数百円から月2000円程度の出費かもしれませんが、しかしそれはいったい何のための投資でしょうか？

「リラックスでき、明日への活力になる」のであれば、りっぱな投資ですが、単なる暇つぶしのためであったなら、死んだお金（そして時間も）の使い方になってしまいます。


　あるいは会社の近くに月3万円のレンタル自習室を借りるのはどうでしょう。毎月3万円の出費はかなり痛いことのように思うかもしれません。しかし、出勤前や会社帰りにそこで集中して資格取得の勉強や読書などをすることができます。

　それが1日2時間なら月40時間、年間480時間（1日8時間労働で3か月分に相当）にもなり、他者とは確実に差をつけることができます。

年収3000万円の人はつねに学んでいますから、普通の生活をしていたのでは追いつけない。ですから、ちょっと「異常」に思える生活を盛り込み、それを続けて「日常」にしていく工夫が必要です。そこにかけるお金は出費ではなく、**未来の自分への投資**です。

お金持ちの人にふさわしい思考や消費のパターンを選択する

お金で人生の余裕を買う

私の会社では、ホームページの更新は自分ではやらず、すべて外部のＷＥＢ制作会社に委託しています。

ホームページの更新そのものは、技術的にそれほど難しくはないので、社内で対応することも可能です。

なのになぜわざわざ外注費を支払って業者に任せているのかというと、作業に携わる社員の時間がもったいないからです。

自分たちでその作業をすれば、費用がかからない代わりに、スタッフの時間と手間暇がかかります。しかしその時間と労力を別の仕事に使えば、外注費を上回る利益を上げられます。（その代わり、「てにをは」を含め、細かい点までたびたび修正の注文をつけているので、機動力のある制作会社でないと務まりませんが）

不動産業を営む私が、自分が所有する不動産の管理を専門業者に任せるのも同じ理由です。

自分で直接管理したら、入居者が退去するときには立ち会わなければならないし、クレームが発生すれば自ら対処しなければなりません。そういうことに貴重な時間を割かれるくらいなら、手数料を支払って管理会社に一任したほうが合理的です。

「まず節約ありき」は大間違い

つまり、**お金を節約するために自分が動くのではなく、自分の動き方を戦略的に考えてからお金の使い方を考える**ということです。まず節約ありきではなく、自分の動き方ありきで発想する。

これは、儲けや顧客満足に直結する仕事は何か、差別化をもたらす仕事は何かを考え、そこに直接関係ないことはあえて自分ではやらず、お金を払ってその道のプロにやってもらう、ということです。

私の知人で複数の会社を経営している女性起業家は、介護士を雇って親の介護をしています。

彼女曰く、「日本人は根拠のない道徳心に縛られ、家族が親の介護をしないといけないと考える。それがいろいろな悲劇を生む。介護はとてもたいへんだし、されている親も気を遣う。だから要所要所で専門家をうまく使うことで、みんながハッピーになれる。日本人はプロをもっとうまく活用すべきだ」だそうです。

お金がかかるからと、自分でなんでもかんでもやろうとすると、時間貧乏になってしまいます。自分の時間を捻出するために、ホームヘルパーや家政婦を雇って家事を代行してもらうというのも、時間と自由を買う賢いお金の使い方といえるでしょう。

まず自分の動き方を戦略的に考えてみる

投資はGIVE&GIVE&GIVEN&SHARE

投資というのは、株でも不動産でも、まずは自己の資金を投下して取得するところから始まります。それからしばらく時間が経過してようやく、配当や家賃あるいは売却益が手に入るという仕組みになっています。

お金持ちが気前よくお金を使うように見えるのは、この「与えるのが先、もらうのはあと」という投資の大原則を知っているからでしょう。つまり、**最初に自分の懐からお金を手放す勇気があるかどうか**、ということです。

まさにGIVE&TAKE。いいえ、実際にはGIVE&GIVE&GIVEくらいでちょうどいい。そうすると、あとでより大きなＧＩＶＥＮ（与えられる）が得られます。そして与えられたら、みんなでＳＨＡＲＥしましょう。独り占めしていても、何も広がりません。

たとえばワインやお菓子をもらったり、懸賞でカニが当たったりしたら、友人を呼んで振る舞うのです。そうすると、一人で食べるよりももっと楽しいし、みんなに喜んでもらえれば、そこから次の展開が始まる。

これが、**GIVE&GIVE&GIVEN&SHARE**の精神の神髄です。

また、人間関係でも、やはり最初にこちらから与えないと、リターンは得られません。いきなり自分のメリットを相手に求めてもうまくいかないのは当たり前です。

しかし、多くの人が自分の権利だけは守りたいと考えます。自分だけは安全な位置に立っていたい、自分の収益は先に確保しておきたいと思っています。だから人が離れ、結果としてお金も離れていくのです。

与えるものはお金だけではない

もちろん、与えるものは何もお金だけとは限りません。お金がなければ時間でもいいし、労働力を提供してもいい。知識や情報だってかまいません。人を紹介してもいい。

とにかく、**自分が持っているもので、相手が喜びそうなものを、ただひたすら与えて**

いく。それが投資の第一歩です。

とはいえ投資にリスクはつきものです。与えるだけ与えておいて、肝心のリターンがまるでないということもままあることです。

仮にそうであっても、**「相手の役に立ちそうなことを考え、提供する」**という意識は、相手に対する貢献力を高めてくれます。そんな人を周りが放っておくはずはありませんから、最終的には自分の得になるのです。

最初に自分の懐から
お金を手放す勇気を持とう

第2章

自己投資にお金を使おう

収入の半分は自己投資に充てる

どんな投資よりも確実なリターンが見込めるもの、それが**自己投資**です。一般的にはモノを買っても価値が減るだけですが、自己投資した脳は減りません。能力やスキルは課税もされませんし、他の人に奪われることもありません。

しかも、使えば使うほど磨かれます。本当につくるべき資産とは、使ってもなくならない、誰も奪うことができない、さらに収入をもたらしてくれるもの、という発想に立てば、自己投資は外せないでしょう。

会社以外の人と会ったり本を買ったりするのはお金がかかるから、と敬遠するのは成長を阻害する結果になってしまいます。自分への投資はけっして節約しないで、ふんだ

ん に使う勇気が必要です。

自己投資のためにお金を使うという発想が自然にできるようになるまでには、意識して続けることが必要です。

「これは投資なのだ」と頭ではわかっていても、それまでの習慣や考え方が染みついているので、しばらくの間は「もったいない」「お金をかけたくない」という、自分の声と格闘しなければならないでしょう。

この闘いに勝てるかどうかは、ひとえに**「自分の将来を本気で信じられるかどうか」**にかかっています。

投資というのはリターンを得るためにするものですから、誰だって利回りが高く、リスクの低いものを選ぶでしょう。では仮に、現在は2億円の生涯収入が5億円になるならば、1000万円の自己投資もけっして高いとは感じないはずです。

その1000万円がもったいないと感じる人は、自分に投資したところでたいしたリターンは得られないと、心のどこかで思っているのでしょう。

しかし自分というのは、投資対象としてそんなに魅力がないのでしょうか。

自己投資にいくら使っているか？

よく、収入の10％を自己投資に充てなさいと言いますが、それでは少な過ぎます。自分はこんなものでは終わらない。成功して収入を5倍にも10倍にも増やしてみせるという気概があるのなら、収入の半分、せめて3分の1は自己投資に充ててもいいぐらいです。

「そう言われても、そんなのは無理だ」「それでは生活が成り立たない」と感じるかもしれません。そこで、普段どういうお金の使い方をしているかを冷静に振り返ってみるのです。

たとえば、住居費を毎月どれくらい払っているでしょうか。賃貸の人なら家賃の額を、自宅を所有している人なら住宅ローンの返済額を思い浮かべてみる。10万円かもしれないし、20万円かもしれない。

では、たとえば本やセミナー、スクールといった自己投資にかけるお金は月にいくらか。1万円くらいか、あるいは2万円くらいか。

ここでバランスがおかしいと感じないでしょうか。投資として考えた場合、住居費というのは体を休めリラックスし、明日への活力を養うというリターンがあります。しかし、金銭面ではたいしてリターンを生みません。

一方、本やセミナー、スクールは自分を成長させ、稼ぎ力を高めてくれますから、そこに投資した金額は、5年後、10年後に大きくなって戻ってくることが期待できます。

それなのに、自己投資費用が住居費の10分の1というのは、要するに、自分という人間は住んでいる家の10分の1しか将来価値を生まないと、自分で認めているようなものです。**自分への投資をケチるなんて、いったいどこまでドケチなんだ**と思いませんか。

私の友人は借金してアメリカにMBA留学しましたが、帰国後は年収が3倍になったそうです。留学のために借りた学資ローンもとっくに完済したとのことですが、借金してまで自己投資できるのは、彼がよほど自分の成長を信じて疑わなかったからでしょう。

自分の成長を信じられる人なら、おそれず自己投資にお金を使えます。自己投資にお金が使えない人は、自分が成長することを本気で信用していない人です。それはつまり、自分の将来を信じていない人です。

自分の成長を信じて、自己投資にお金をかけよう

20代は貯金をしてはいけない

私のところに投資の相談に来る人の中には、まれに20代前半の若者がいます。でも、不動産を買うには、2500万円のワンルームマンションで300万円くらい、5000万円の1棟アパートでも1000万円程度の自己資金が必要です。

それを彼らに伝えると、「じゃ、がんばって貯金します！」という返事が返ってきます。そんな彼らに私は、「20代のうちは貯金なんてしなくていいから、そのぶん自分に投資して、できるだけいろいろな経験を積んではいかがでしょうか」と言って、それ以上は投資の話をしないときもあります。

20代のビジネスパーソンなら、株式投資や不動産投資より、**その無限の可能性を持った自分自身に投資をしたほうが、将来のリターンははるかに大きい**と思うからです。

ビジネスライクに考えれば、私たちは顧客に物件を買っていただいてナンボですから、商売の話をしないというのはあり得ないかもしれません。でも、やはり私のところに相談に来てくれた人には幸せになってほしいと思うから、仮に商売につながらなくてもあえてそう言うのです（むろん私の個人的価値観の押し付けという側面は否定できませんが）。

よく、投資をするためにはタネ銭が必要だから、若いうちからコツコツ貯金をしろと言う人がいますが、**若いうちからそんなに小さくまとまってしまうのはつまらない**と思いませんか。

もっと言えば、20代のうちは今の給料がいくらだとか、貯金がどれだけ貯まったとかも気にしないほうがよい。

むろんライフプランは人それぞれですが、今の年収や貯金なんて現時点のスナップショットに過ぎません。そんなもの、これからいくらでも挽回可能です。

20代というのは、**30代になっても50代になっても稼ぎ続けられる力をつける時期**だと考えてみる。大きなお金でもビビることなく動かせる人間になる土台づくりの期間だと考えてみる。

だから貯金をする余裕があるのなら、全額自己投資に回して少しでも自分の価値を上げ、人生トータルで見たときの自分の資産価値を最大にしようという視点を持つのです。

自分という
商品の価値を高めるため
経験という投資をする

何歳になっても稼ぎ続けるために

例を挙げて説明しましょう。社会人になってすぐ、毎月3万円の積立てを始めたAさんは、10年後に360万円の貯金ができたところで、それを元に投資を開始し、定年までに資産を10倍に増やしました。

一方、貯金の代わりに、毎月3万円で20冊の本を読むことにしたBさんは、10年たっても貯金はゼロです。

でも、3年で720冊、10年で2400冊の本を読破したことによって、豊富な知識と論理的思考や問題解決といったスキルが備わりました。それらの知識やスキルは、確実にBさんを仕事ができるビジネスマンに変えていき、外資系企業に引き抜かれ、30代でマネジャー、40代で日本法人の社長になりました。

その経験を元に教授としてビジネススクールに招聘《しょうへい》され、Bさんの市場価値はさらに上昇、生涯賃金はいつしかAさんの10倍になっていました。

もちろんこれは作り話ですから、すべてがこんなにうまくいくわけではありません。しかし、どちらの人生が、スケールが大きく可能性に満ちているか。どちらの生き方が、不安定な時代にも安定して稼ぎ続けられるか。答えは明らかでしょう。

人が真似できない経験こそ、究極の自己投資

また、自己投資を考える際は、**モノよりも経験にお金を使う**ことを意識してみましょう。

歌舞伎や能を鑑賞して日本の文化を感じる、高級ホテルに宿泊して一流の接客を受ける、茶道や華道を習って守《しゅ》・破《は》・離《り》の教えを体感する、ダンスや演技を習って体で感情を表現することを学ぶ、格闘技などのような極限まで体を酷使するスポーツを体験してみる、休暇を利用して短期留学をしたり、海外をヒッチハイクで放浪したり……、**自分が経験して、そこから何を感じるか**に意識を向けてみるのです。

モノというのはお金さえ出せば誰でも買うことができますが、経験というのは同じことをやっても、感じることは一人ひとりみんな違います。

そして、経験から抽出して得た知恵は自分だけのものであり、けっして誰も真似できないし、誰も奪うことができません。だから価値があるのです。

また、仕事ならあえて困難なこと、誰もやりたがらない役目を自ら買って出るのも、得がたい経験になります。

あるとき悪魔がやってきて、「100億円をあげるが、その引き替えにおまえの30年をくれ」と言われたらどうしますか？

100億円もらえるけれど、次の瞬間、自分が今30歳なら60歳に、40歳なら70歳になってしまうほうを選ぶのか。あるいはお金はもらえなくても、人生を実感できる時間があるほうを選ぶのか、ということです。

自分の人生を映画化したら、いったい何人の観客を動員できるでしょうか？　人生で起こる出来事はすべて「ネタ」だと考えれば、お金より経験を選びたいものです。

若いころの貯金額など、すぐに挽回可能

一流の経験にお金を使おう

日本は階級社会ではありませんが、お金持ちとそうでない人とでは、訪れる場所や利用するサービスが明らかに違います。

富裕層と呼ばれる人は、価格よりも価値を重んじますから、接客が行き届いた店に行きます。すると自然に食事は高級店が多くなり、旅行先で泊まるのもハイクラスなホテルや旅館を選ぶことになります。

そういう環境の中で、一流の接客サービスやそこにいる人たちの立ち居振る舞いに触れることで、自分自身の立ち居振る舞いにも磨きがかかります。

もちろん安い店が悪いというわけではありませんが、安い店に来る客の層や態度はやはりそれなりです。そんな環境が日常になってしまうと、自分の立ち居振る舞いにも影響してしまいかねません。

そこでちょっと奮発して、**一度無理をしてでも高級レストランで食事をし、一流ホテルに泊まってみること**をお勧めします。

サービスというのは、自分で体験してみないとその価値がなかなかわかりません。だから経験したことがなければ、そんなもの自分には必要ないと思い込むのも容易だし、そういうサービスを受けられるだけの人間になろうという意欲もわいてきません。

一流に対するリアリティーを持つ

年収300万円でも快適な暮らしができるようにしようという論調があります。確かに、年収300万円でも大丈夫なように、生活設計を見直すことがあってもいいかもしれません。

けれども、年収300万円で満足し、思考停止し、上昇活力が奪われてしまうとすれば、それはとてもおそろしいことだと思います。

年収300万円で暮らせるならそれでいいと開き直ってしまうと、食事にしても旅行にしても、その収入の範囲内で満足できるものを探すしかなくなります。そこには、年収を引き上げて一段上の生活を手に入れるという発想がありません。

つまりそういう人は、自分の能力をストレッチさせる機会を、自ら放棄してしまっているのと同じことなのです。


反対に、世の中にこんなすごい世界を味わっている人もいるということを肌で感じると、一流に対するリアリティーを持つことができ、自分もこのサービスを受けるのにふさわしい人間になりたいという闘志がわいてきます。

今の立場や境遇に満足してしまったら、その人は永遠にそこから抜け出すことができません。だから**無理をしてでも一流のサービスを経験しておく必要がある**のです。

手っ取り早い一流体験

沖縄にザ・ブセナテラスという高級リゾートホテルがあります。岬の先端で三方が碧《あお》い海に面し、沖縄の自然を最大限に感じられるよう設計されているこのホテルは、エステやライブラリーなどの設備も充実し、宿泊客に高いレベルの快適さを約束してくれます。

私はここのホテルの最もハイグレードなコテージプランを利用したことがありますが、他の宿泊客とは明らかに差別化された扱いを受けますから、快適さのレベルが違います。宿泊料金はヨーロッパ旅行に行けるほどの金額ですが、また泊まりたいと思わせるだけのものがそこにはあります。

経験しなければ、そもそも自分とは縁がないものとして選択肢から切り捨ててしまいがちですが、一度経験することで、またここに泊まれる人間になろうと奮起できます。

この「欲望」が、向上心というエンジンを駆動させる燃料になるのです。

もっと手っ取り早くできるモチベーションアップは、一流ホテルでお茶をすることです。仕事の打ち合わせや企画書づくりでカフェを利用する人は、たまにはたとえばペニンシュラやリッツ・カールトンのラウンジを利用してみましょう。

これら高級ホテルのラウンジを平日の日中に使う人の多くは世界のエグゼクティブで

す。やはりまとっているオーラが違います。

そんな人たちに囲まれて打ち合わせをしたり、パソコンで仕事をしたりすると、自分もそのエグゼクティブの一人になったような気分になります。

そして、自分もいずれは本物のエグゼクティブになって、いつもこんな場所を使えるようになりたいと思い、仕事のモチベーションが高まります。これは本当に効果ありますよ！

一流ホテルでお茶をして、エグゼクティブ気分を味わってみよう

財布に10万円入れておく

何かの雑誌で、「**小遣いの少ない人は成功しない**」という記事を読んだことがあります。理由は、交際費にお金を出せないので人脈が広がらないからだそうです。

私自身、打ち合わせや取材で盛り上がり、「このあとちょっと一杯いかがですか？」と会食になだれ込むことがあります。「今夜ホテルで経営者のパーティーがあって、もしご都合よければご一緒にいかがですか？」と急に誘われることもあります。

そんなときに、「いや〜、今月はちょっと懐が寂しくて……」ということでは、せっかくのチャンスをフイにしてしまいます。

そこで私はかつて、財布の中にはつねに10万円を入れていたことがあります。なぜ10万円かというと、このくらいあると、会食はもちろん、たいていの突発的なことにも対処できるからです。

クレジットカードは人に貸せませんが、現金があれば相手にタクシー代を渡せるし、立て替え払いもしてあげられます。

また10万円あれば、当面はATMに行って現金を引き出すという手間がほとんど発生しないため、時間の節約にもなるのです。

つまり、**「何かあっても大丈夫」という余裕が生まれる**からです。

「財布に入れておくと、つい使ってしまうから、必要最低限しか入れない」という人もいると思いますが、必要なときに足りずに機会損失を防ぐという発想からです。

しかし昨今は、ほとんどの支払いはクレジットカードに対応し、さらに電子マネーカードやQRコードといった多様な決済手段が浸透していますから、現金を持ち歩く必要性が低下しているのはご存じの通りです。

なので現在の私は財布を持たず、スマホとカードケースだけを持ち歩く、というスタイルになっています。

財布の中にはつねに余裕のある金額を入れておく

自分のブランドづくりにお金をかける

ブランドというのはもともと、自分の家畜に焼印を押して他人のものと区別するところから発祥したそうですが、パッと頭に浮かぶのは、エルメスやルイ・ヴィトンといった高級ブランドの名前でしょう。

世の中にいったんブランドとしての価値が認められ浸透してしまえば、ブランド自体がその価値の証明になるので、その商品やサービスについて多くを語る必要がなくなる、高い値段でも売れる、売り込まなくても売れる、といった効果があります。

多くの企業が多額の広告宣伝費を投下するのも、自分の会社や、扱う商品のブランドイメージが上がれば、その後のビジネス展開が断然やりやすくなるからにほかなりません。

それと**同じことが個人にも当てはまります。**一度自分のブランドができれば、就職や転職も、商売も、人脈形成も、とたんにレベルが上がります。そんなブランディングが戦略的におこなえるなら、**最小のインプットで最大のアウトプットを生むことが可能になります。**

だから私は、自分や自分の会社のブランディング投資は、けっして惜しまないようにしています（詳細は拙著『30代で差をつける「人生戦略」ノート』〈三笠書房〉をご覧ください）。

自分の「ウリ」が明らかな名刺をつくる

自分ブランディングで簡単にできる方法のひとつが名刺づくりです。もしあなたが会社員なら、プライベートで使う名刺をつくってみましょう。もちろん、名前と住所と連絡先だけを書いたもの、というのはここでは名刺とは言いません。それは単なる識別票に過ぎないからです。

「○○会社に勤めている」という所属や、「部長・課長」などという肩書きを外した「素の自分」は、いったい何者なのか。会社を離れて何ができるのか。他人と差別化された何を持っているのか。何が得意で何に興味を持っているのか……。

自分の名刺をつくることは、そういう**自分自身の「ウリ」を考え情報発信する**ということです。

ためしに、他の人の名刺を机の上にずらっと並べてみてください。そこに自分の名刺を加えたとき、一番カッコよく見えるのはどれですか。一番キャラが立っているのはどれですか。

それは単に派手とか目立つという意

味ではなく、その人のウリがわかる、という意味です。もしそれがあなたの名刺でないならば、つくり直す余地ありです。

自分の名刺を渡したとき、相手が受けとる印象や心理、話題のきっかけなどを考慮して、レイアウト・字の大きさ・フォント・色・肩書き・紙質などや、名刺に盛り込むメッセージも戦略的に考えてみましょう。

最近では、スマホでQRコードを読み込んで名刺を表示させる電子名刺も広がっています。

「どうすればいいのかわからない」という場合は、名刺コンサルタントや個人ブランドづくりのコンサルタントがいますので、彼らに依頼するのもよいでしょう。

自分メディアをつくる

自分のメディアを持つことも自分ブランディングのひとつです。代表的なのがブログやホームページ、各種SNS（Twitter、Facebook、インスタグラムなど）です。

名刺に個人のウェブサイトやSNSのURLが書かれていると、あなたのことを知ってもらうきっかけになります。その場で友達申請・承認をしたり、フォローしたりということができます。

アイドマ（AIDMA）という言葉があります。宣伝広告によって、ある商品を知った消費者が、購入に至るまでのプロセスを、Attention（注意）→Interest（関心）→Desire（欲求）→Memory（記憶）→Action（行動）というモデルで示したもので、広告やマーケティングの世界ではよく知られています。

ただし、アメリカのローランド・ホールが提唱した1920年代と現代とでは、メディアの状況や消費者意識はかなり違ってきています。

そこで現代風にアレンジするなら、Attention と Interest の間にもうひとつ Research（検索）を挟んだ**アリドマ（ARIDMA）で考えてみる、**というのが私の仮説です。

今は、気になることや知りたいことがあると、すぐにネットで検索しますよね。テレビを見ながらスマホやパソコンで検索して調べるという人も多いそうですから、検索しても自分の情報が何も出てこないとしたら、非常に不利です。

自分ブランドづくりには *ARIDMA* を意識する

Attention……注意
Research……検索
Interest……関心
Desire……欲求
Memory……記憶
Action……行動

特に事業をしている人は、ホームページがないとそれだけで信用度が下がると言っても過言ではありません。

さらに出版社の編集者も、新しい著者をネットで探すケースが増えていますから、本を出したい人は、ウェブ上で自分の存在をアピールする必要があります。

もちろん自作も可能ですし、ブログは無料だし、簡易なホームページ制作ツールも無料のものがあります。が、やはり手作り感が漂うウェブサイトはなんとなく怪しいですから、少しでも差別化を図ろうと考えるなら、独自ドメインを取得し、専門の業者に依頼することをお勧めします。

ひと昔前は、個人がメディアを持つなどということは考えられませんでした。それを可能にしてくれたのがＩＴの発達です。そしてこれからもどんどん新しい方法が出てくるでしょう。

それを自分ブランディングという視点から見れば、ＩＴの活用にはまだまだ工夫の余地があるし、あまりお金をかけず試行錯誤しやすいというメリットがあります。

そんな新しい方法を自分で開発するにしろ、利用するにしろ、**自分ブランディングに投資するのは、有効なお金の使い方**といえると思います。

自分自身をブランド化するための投資は惜しまない

気になった本は迷わず購入

読書好きのみなさんにとって、「読書に投資しよう」という言葉はもはや聞き飽きていると思います。だから言いません（笑）。

しかしあえて言うならば、私個人としては**「多読」も「速読」も重要視しておらず、むしろどうでもいいと思っています。**

情報収集のための読書は単なるリサーチ作業ですから、必要な項目だけ拾っていけばいい。結果、意識しなくても速読になりますし、多読にもなります。楽しみのための読書は単なる娯楽ですから、読み方なんてどうでもよく、楽しければいいだけです。

しかし、自己投資としての読書は、**「自分の思考の枠組みを変える」「自分の意思決定**

力を変える」「自分のアウトプット力を変える」ためのものですから、それは冊数やスピードで得られるとは限らないと思っています（頭の回転が速い人や記憶力のよい人は別ですが）。

ですから、速読などで上っ面を流して満足するのではなく、著者の主張を自分の脳にくぐらせ、そこから何かを学ぶ、自分の思考を錬磨する姿勢が大切だと考えています。

最近は、サッと短時間で読めて、今日からできる具体的ノウハウが書いてある本が売れる傾向にあります。

ベストセラーは、確かに素晴らしい本だからこそ売れる、という側面もありますが、他方で「万人に受け入れられるほどわかりやすい」から売れる、という側面もあります。つまり、自分の頭で考えなくてもいい本が好まれていると考えることもできます。

当然、出版社からもそう要求されます。値付けの制約、本づくりの予算的制約からページ数が限られるため、ビジネス書の多くが平易で舌足らずにならざるを得ない事情もわかります。

だからこそ、主義主張がトンガっていて、答えが書いていなくて、読者に考えさせる本は貴重だというのが私の考えです。

著者の価値観と自分の価値観を何度も往復して、考える、考える、考える……。そうやって自分の中に蓄積されたものこそが、思考を変え、判断を変え、行動を変える。そしてそれが人生を変える。

だから私は、単に自分を通り過ぎていくだけの速読や、新しい情報を得ることで満足して考えなくなる多読ではなく、「**くぐらせる**」**読書**が大切だと思うのです。

また、たとえすぐに読めず「積ん読」になってしまっても、気になった本はすぐに買っておくことです。新刊が出るペースが速いので、書店の棚からどんどん消えていくからです。

アマゾンなどオンライン書店で買えばいいといっても、それはタイトルや著者名を覚えていればの話です。だから、気になったらすぐ買うことが重要なのです。

セミナー、スクールに投資する

読書は手軽な自己投資法ですが、セミナーやスクールはもっと投資効率が高まります。

セミナーやスクールの多くは、熱気などの雰囲気を体感できる「ライブ」ですから、吸収できる情報量が圧倒的に多い。音楽を聴くのでも、スマホなどで聴くのと、コンサートホールやライブ会場で聴くのとでは、感じるものがまるで違うのと同じです。

また、録音や録画がされないセミナーでは、講師も安心して普段なら言えない裏話なども話せます。スクールでは、周りの人たちも一生懸命勉強していますから、自分も負けじとがんばります。また、同じ志を持った人たちと仲良くなれます。

だから、セミナーやスクールにお金と時間をかけることは、自己投資としては極めて有効な方法だと思います。

そして、スクールといえばビジネススクールを考える人もいるでしょう。1日コースでも数万円はしますし、私が昔通ったのは3か月コースで15万円でした。国内のMBAコースは数百万円、欧米のビジネススクールに通えば、それこそ1000万円単位のお金がかかります。これを高いと考えるか安いと考えるか。

この判断基準として、**将来価値を計算してみる**のもひとつの方法です。仮に受験準備・学費・生活費として、2年間で2000万円必要だとします。今の年収が700万円だ

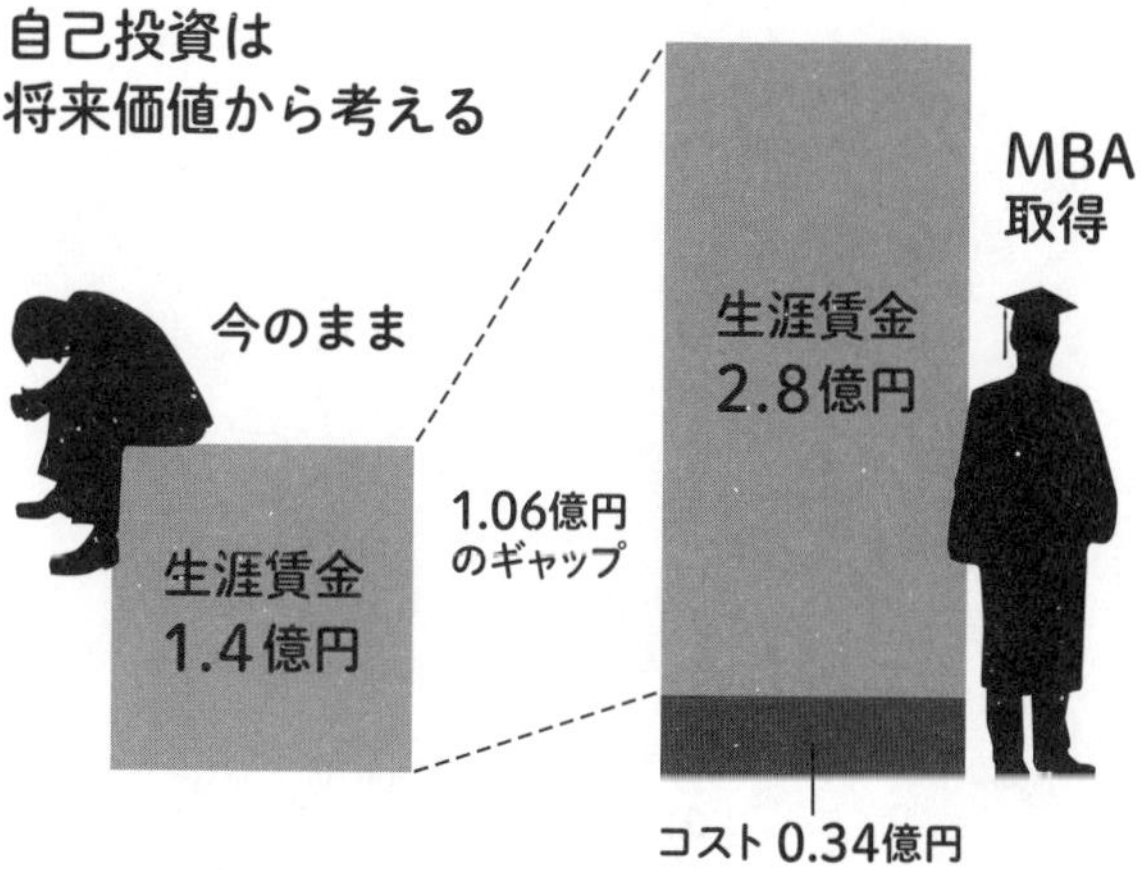

とすると、2年間の給与1400万円の機会損失ですから、取得コストは2000万円＋1400万円の合計3400万円という計算になります。

年収700万円のままだと、20年で1億4000万円の生涯賃金ですが、MBAを取得し外資系企業などに転職して、年収が倍の1400万円になれば、20年勤めて2億8000万円。2億8000万円－MBA取得コスト3400万円－1億4000万円＝1億600万円の差益です。

生涯賃金は1億円以上も多くなりますから、そう考えると会社を辞めてでもMBAを取得する価値がある、という計算になります。

しかし問題は、本当にＭＢＡを取得したからといって、年収が倍になるか？　という点です。

これぱっかりはなんともいえませんし、そんなに甘いものでもないでしょう。ただ、私の周りのＭＢＡホルダーは軒並み高年収を稼いでいるので、普通の人よりも有利なチャンスに巡り合える可能性があるとは思います。

いずれにしても、自己投資でモノやサービスを買うときには、金額の絶対額で判断するのではなく、**将来にわたってどれだけのリターンをもたらしてくれるか**を考え判断するようにしてみましょう。

なぜなら、絶対額にとらわれてしまうと、単に価格を見て「高いからやめよう」という短絡的な発想になってしまうからです。

ではどうしたらいいかというと、自分の月給と比較するのではなく、生涯賃金と比較するようにするのです。３億円の生涯賃金と比較すれば、ＭＢＡの費用なんてたいしたことないですよね。ましてや、5万円や10万円のセミナーやスクール代なんて、本当にちっぽけな投資額に思えてきます。

モノの価値は絶対額ではなく
リターンで判断する

勉強への投資を無駄にしないために

勉強で大事なことは何でしょうか。そのひとつは「**続けること**」です。

新しいことを勉強し始めた当初はモチベーションも高く、これまでできなかったことがどんどんできるようになるのでおもしろくなり、それほど苦労しなくても学習が進みます。

ところが、時間がたつと新鮮さも薄れ、上達の速度も遅くなってきて、勉強に対する情熱も徐々に冷めてきます。

これは、ジョギングなどのスポーツやダイエット、語学習得などでも同じで、そのまま放っておくと挫折への道をまっしぐらです。

これを防ぐには、**途中でやめにくい状況をつくる**ことです。たとえばスクールなどに通うのもそのひとつ。入学金や学費を先に払い込んでしまえば、人は誰しも元をとろうという気持ちが起こるので、独学で勉強するよりも長続きしやすいでしょう。

マンツーマンなら続けられる

しかし、たとえば英会話スクールに通う人の多くが忙しさにかまけて通わなくなってしまうように、スクールだけではまだ勉強を継続するための条件としては弱いといえます。私もかつて、英会話スクールを挫折した経験があるからです。

そこでもっとお勧めなのが、**専属の先生についてマンツーマンで勉強する**方法です。集団レッスンだと、自分一人が休んでも授業は

マンツーマン学習のメリット
スケジュール化される
トレーニング密度が高い
自分の弱点をズバリ指摘される
続けることができる

予定通り進んでいくし、途中でやめても運営に支障をきたすわけではないという気楽さがあります。

ところが、マンツーマンだとそういうわけにはいきません。自分が休めばレッスンに穴が空いて、先生に迷惑がかかってしまいます。

そうすると、必然的に「行けるときに行けばいい」ではなく、「スケジュール化」され、**ひとつの仕事として予定に組み込まざるを得なくなります。**

さらにマンツーマンだと、自分が弱いところをズバリ指摘され、そこを徹底的に練習させられます。

それにグループレッスンと違って他の生徒の発言をぼんやり聞いている時間もないですから、同じ時間でもトレーニング密度が高い。つまり上達が早くコストパフォーマンスが高くなります。

私は今、この原稿を土曜日のカフェで書いていますが、現実に店内には英語のマンツーマンレッスンをしている人が二組います。

なのに多くの人が集団レッスンのほうを選ぶのは、もちろん費用が安いからです。でも、ちょっと考えてみましょう。

1年間の学費が集団レッスンだと30万円、マンツーマンだと50万円かかるとします。ここで安いからといって安易に集団レッスンを選んで、途中で挫折してしまったら、その30万円とそれまで学習に費やした時間は、まったくの無駄になってしまいます。

一方、マンツーマンのおかげでやり遂げることができ上達したなら、20万円余計に支払ったとしても、十分に元がとれるじゃないですか。

自分は意志が強いから集団レッスンでも最後まで続けることができる、という自信がある人なら別ですが、そうでないならマンツーマンを選んだほうがいい。これはスポーツジムや他の習い事も同じです。

それから、**自己投資は必ず身銭を切ること。**会社のお金だと挫折しても自分の懐が痛まないぶん、どうしても緊張感が薄くなりますから。

お金をかけてでも継続する仕組みをつくろう

新しいツールへの投資はメリットが大きい

私がよく行く炭火焼肉屋で最近、七輪にのせる網が変わりました。分厚い鉄の網から、使い捨ての網に変わったのです。

確かに網にこびりついた汚れを落とすのはたいへんな作業で、忙しいときには網が間に合わなくなる危険性もあります。

しかし使い捨ての網なら、洗わなくてよいため手間も人件費も省け、在庫管理さえしておけば、足りなくなることもありません。

けれども、問題なのはコストです。そこで店主に聞くと、1枚20円もしないとのこと。ネットで調べたら、確かに19円で販売していました。これなら一組の客に2枚の網を使ったとしても40円もしないですから、洗う手間も洗剤代も水道代も節約でき、店側は調理と接客に専念できるというわけです。

私たち個人の生活でも、技術の発達によって、お金で時間を買うことができるものが増えてきました。

たとえば電子マネーの普及により、駅の券売機に並ぶ時間も、レジでのお金のやりとりという手間も時間も不要になりました。

最近主流になっている、完全に乾燥できるドラム式全自動洗濯機なら、洗濯物を干すという手間がかからず、食器洗い乾燥機を使えば、食後の後片付けが格段に楽になります。「ルンバ」のような自動掃除ロボットを使えば、外出中でも勝手に部屋をきれいにしてくれるので、それまで掃除機をかけるのに使っていた時間を、他のことに振り向けることができます。

文明の利器で可処分時間アップ！

このように、今までは自分の時間を使わざるを得なかった作業を代行してくれる商品やサービスが増えてきています。こういうものをうまく活用すると、「時間」の節約となり、まさにお金で時間を買うことができます。

また、新製品には従来と同じ機能であっても、省エネ対応のものが増えているので、思い切って最新型に切り替えたほうが、長い目で見たら得だという場合もあります（リサイクル、リユースという観点からは逆行する行為ですが……）。

ちなみに私が最近買い替えたのはノートパソコンです。パソコンは使っているうちにバッテリーが劣化して連続使用可能時間が短くなったり、何より故障する可能性が高くなります。

そこで私は、仕事の道具であるパソコンは、処理スピードは最高に、故障のリスクは最少の状態にすべく、そのための出費は投資と考え、数年ごとに最新モデルに買い替えるようにしています。

まだ使えるから十分とか、今使っているものに不満はないとか、機能や使い方を覚えるのが面倒といった理由で新しいものを避けている人もいるかもしれません。

もちろん最新グッズが多ければよいというわけではありませんが、自分の可処分時間を増やすことのできる文明の利器を見逃しているとしたらもったいないことです。

効率を上げてくれる
新製品がないか、つねにチェック！

考えないとカモられる

携帯電話の料金プランは、さすがに最近はわかりやすくなってきましたが、それでもまだ複雑です。データ量では値段が安くても、必要なオプションをつければかえって高くなることもある。格安スマホ業者もたくさんあり、比較をしてもどれがお得か、なかなか判断しにくい。

しかし、複雑で選択肢がたくさんあって考えるのが面倒だからといって、ショップで勧められるがままに、あるいは評判を鵜呑みにしてしまうと、最も損をする確率が高まります。

そもそも、なぜあんなにわかりにくい料金体系になっているのでしょうか。普通に考えれば、そのほうがキャリアにとってメリットがあるからでしょう。

行動経済学の世界では、たとえば松・竹・梅のメニュー設定にすると、多くの人が真ん中の「竹」を選ぶことが知られています。

仮にAランチ850円、Bランチ750円の2種類があると、多くの人はBランチを選ぶので売上げが上がらない。

そこで、Aランチの上にスペシャルランチ1000円を設定すれば、狙い通りAランチを選ぶ人が増え、売上げも上がる、というマーケティング施策に落ちるわけです。

携帯料金プランも同様に、周辺のプランをわかりにくくしておくと、キャリアにとって最も有利なプランを顧客が選ぶように誘導することができます。

その際、「面倒くさいからそれでいいよ」という人は典型的なカモです。つまり**考えないことの代償として、高いお金を払わされるということです。**

反対に、しっかりと考える人は、その報酬として最も安いプランを選択できる確率が高くなります。

どうすれば顧客からもっとたくさんのお金がとれるかを、頭のいい人たちが必死で考えてつくっているわけですから、買う側も考えないと、相手の狙い通り、つまり自分にとっては不利な契約を結ばされてしまいます。

金融商品はその最たるものです。たとえば毎月分配型の投資信託は人気ですが、「毎月もらえる」というわかりやすさに、仕組みをよく理解しないで買っている人が多いと聞きます。毎月の分配にはコストがかかるわけで、毎月分配型投信は配当のたびに基準価額が減っていく、いわゆるタコ足配当になっている商品がほとんどにもかかわらず。

優秀な人たちが先端の金融工学を駆使して設計した商品とはいえ、その商品の価格が上がる（と思える）根拠を、納得しないで買ったとしたら、損をしないほうが不思議でしょう。

売る側も儲ける仕組みを練っている

商品やサービスを提供する側は、必死になって自分たちが儲かる仕組みや戦略を練っているので、考えずにお金を出せば簡単にカモネギになってしまいます。

カモになるのが嫌なら考えるしかありません。「本当なの？」「根拠はあるの？」「なんでそうなってるの？」と、ひとまず立ち止まって考えてみることです。

就職や転職にしても、応募する会社のことを調べていなかったり、アピールする材料を考えていなかった人は、本当の実力よりも低く評価される可能性があります。

学生就職人気ランキングを見ても、いかに多くの人が何も考えずに、会社の規模や知名度、華やかなイメージといった表層的な理由で会社を決めようとしているかがわかります。

「もしかして自分は
ネギをしょったカモではないか？」
と考えてみよう

人生のレンタル係数を高める

世の中には、借りるより買うほうが安いものもあります。たとえばウエディングドレスは、中国や韓国でつくったほうが、結婚式場で借りるより安上がりです。

しかし、レンタルすることで得られるものは、「自由」です。自宅を買わずに借りると、場所に縛られず拠点を移動する自由が生まれます。

人材派遣も労働力のレンタルみたいなもので、企業側は人件費をコントロールする自由が生まれます。

車も買わないでレンタルすることで、洗車や車検、自動車税の支払い、損害保険の更新といった面倒な手間から自由になれます。

「借りる」という発想を取り入れる

私たちはもっと生活の中に、**「借りる」**という発想を取り入れてもよいのではないでしょうか。

モノは買うと価値が減りますが、経験したことの価値は減りません。だから、モノを買うお金があったら、レンタルに切り替えてお金を浮かし、経験を買うほうに回すのです。

私たちは、他人が使ったものを再度利用するのを避ける傾向があります。かつての私もそうでした。他人のお古になんとなく抵抗があり、新築、新車、新品にこだわっていました。

しかしレンタルという選択肢がつねに思い浮かぶようになったのは、ウイークリーマンションを利用したことがきっかけです。

冷蔵庫もレンジも机もテレビも全部ついている。ベッドも布団も洗濯機も使い回し（もちろん消毒クリーニングしていると思いますが）。慣れると何も気にならない。それ以来、借りるということに抵抗感がなくなりました。

パーティードレスも借りることができますし、ペットレンタルというのもあるそうです。たまにしかＤＶＤを観ないなら、プレーヤーも借りる。めったに来客がないなら、高級食器もレンタルする。年に何回かしかキャンプやスキーに行かないなら、用品もレンタルする。不動産投資のように、お金も借りて投資する。

極端な話、自分の体も借り物だと考えてみる。自分という魂が、体という器を借りてこの世に生を享け、90年のレンタル期間が終了したら土に還すというわけです。

でもこの借り物は、自由自在に操縦できる便利なものです。だから自分という魂が、この体をうまく操縦できるかどうかによって人生の楽しさが変わってきます。

まあ、これはちょっと考えすぎかもしれませんが、**人生におけるレンタルの比率、つまりレンタル係数を高めることによって、いろんな自由が生まれてくるのは間違いないと思います。**

レンタル係数を高めれば自由が生まれる

税金の勉強をする

高所得世帯は、子育て関連ではほぼすべての制度で所得制限に引っかかり、補助金・助成金などは対象外です。

わが家も以前、長男の保育料が月7万円、次男の保育料が2人目半額で3万5000円で月10万円ほどを払っていたことがあり、児童手当は二人で月3万円ではなく減額されて1万円です。そしてこの1万円も2022年には廃止され、ゼロになります。

そもそも高所得者は、所得税、住民税、社会保険料を多く払っており、富の再分配機能としては、納税の時点ですでに貢献しています。

にもかかわらず、子育ての助成金が外されるのは、追加で罰ゲームを与えられている

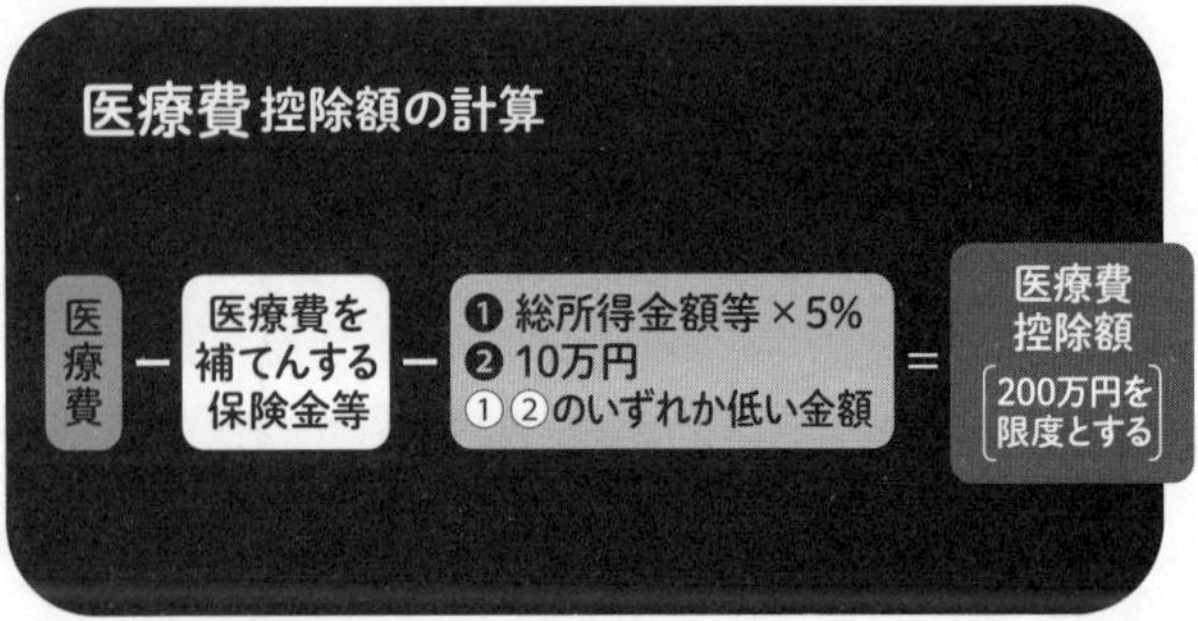

ようなものでしょう。

民間ではたくさんお金を払えばより高付加価値なサービスが受けられるのが一般的ですが、行政サービスはむしろ逆で、納税すればするほど冷遇される状況です。

「高所得者は余裕があるからいいだろう」などという発想があるとしても、それは子育て関連ではなく別の分野に適用すればいいだけのはず。

日本は少子高齢化で人口減少の危機を迎えているというのに、本当に少子化対策を考えているなら、出産・子育てへのモチベーションを下げる施策に何の意味があるのかと疑問に思います。

「もらえるものがもらえなくなる」という不満からではなく、わざわざここをター

寄附金控除額の計算

❶ 特定寄附金の合計額
❷ 総所得金額等×40%
①②のいずれか低い金額

－ 2000円 ＝ 寄附金控除額

ゲットにするよりも「他にもっと削れるところがあるだろう」と感じないでしょうか。

もちろん、ほとんどの公務員が適切に税金を使っていると思いますが、こんな税金の使い方や税制を目にすると、やはり納税意欲は下がってしまいます。

かといって、払うべき税金を払わないことは違法ですし、ごまかしても違法です。納税は国に対する投資といえるかもしれませんが、その使い道は私たちにはコントロールできません。コントロールできない出費は投資ではなくコストですから、コストは下げなければなりません。

そこで、**税金について勉強することによって、合法的に税金というコストを下げる努力をする**のです。

たとえば医療費が年間10万円を超えたら、その超えた金額を所得から控除できます。イデコ（個人型確定拠出年金）に加入すれば、掛金全額が所得控除となります。すると、所得税と住民税が削減されます。

これはもう、知っているか知らないかの世界ですが、誰も「こんなよい制度があるから利用してはどうですか」なんて親切な指摘をしてくれません。ここにも税金のことを勉強すべき理由があるのではないでしょうか。

所得税と住民税を安くするには

個人が支払う税金の中心となるのは、消費税と所得税、そして住民税です。しかし、消費税は買い物をする以上は避けようがありませんから、注目すべきは所得税と住民税です。

所得税は、年間の所得に対し、決まった税率が課せられる税金です。所得というのは、大雑把にいえば、収入から経費を引いた残り、企業活動でいうところの利益と考えればいいでしょう。

この所得が小さくなれば、所得税が減らせます。会社員の場合は年末調整で還付が受けられます。

同様に、住民税も所得に税率をかけて計算されますから、所得が小さくなれば住民税も安くなります。会社員であれば、毎月の天引きが少なくなって、手取り額が増えるというわけです。

では、所得を小さくするにはどうすればよいかというと、収入を低くするか、経費を多くするか、所得控除（医療費控除や扶養控除などのように、所得から差し引けるもの）を多くするかのどれかです。しかし通常、収入は高いほうがよいので、ここを減らしては意味がありません。

そこで、合法的に経費もしくは所得控除を増やして所得を小さくする、あるいは累進税率を逆手にとって法人を設立し、所得を分散し実効税率を下げる、という方法が出てきます。

自分で事業をやっている人は、このあたりのことはよくご存じだと思います。家賃、水道光熱費、新聞代、電話代……要するに、事業運営に必要だと説明できるものは、原則として経費に計上できます。

そうやってうまく経費を計上して、キャッシュフローは黒字だけれども、税務上の利益（所得）は小さくし、税金を抑えている経営者や個人事業主は少なくありません。

しかし、「サラリーマンの場合は、所得税や住民税は否応なしに給料から天引きされてしまうから、事業家のような節税は、無理じゃないか」と感じる人も多いでしょう。

詳細は拙著『33歳で資産3億円をつくった私の方法』（三笠書房）に譲りますが、方法はいくつかあります。

不動産投資をする

ひとつ例を挙げると、**不動産投資**。これは不動産所得で赤字を計上し、自分の給与所得と損益通算することで、所得の圧縮を図る方法です。

私はサラリーマン時代に、確定申告で90万円もの所得税還付を受け、年間70万円以上も払っていた住民税がゼロになったことがあります。

いずれにしても、**税金のことを知っているのといないのとでは、将来手元に残るキャッシュの額が大きく違います。**これまで税金に無頓着だった人は、ぜひ関心を持って勉強することをお勧めします。

税金の勉強で、税金というコストを減らす

投資をするなら、心の余裕を与えてくれるものにする

株やFXといった投資にお金を使う人も多いでしょう。しかし、投資をするときに重要な視点があります。

これは私の個人的な考え方ですが、**普段の生活や気持ちが、相場の変動で左右されるような投資は極力避けたほうがよい**、ということです。

株や為替の上昇・下落で一喜一憂したり、ハラハラするような状態は、相場に振り回されているようなもので、いったい何のメリットがあるのでしょうか。

本業の最中にも相場が気になるのは、心の無駄遣い。**しょせん副業に過ぎない投資ごときで悩むのは愚の骨頂**です。

だから私は今、長期か、超短期の投資しかしていません。長期投資は相場の変動に関係なくほったらかしにしておけます。短期的な上昇や下落は、長期で均すと無視できるほどの小さな影響です。

私が不動産投資を中心に据えているのも、金（ゴールド）を買い増ししているのも、そのあたりに理由があります。

超短期というのは、1時間、1日という単位です。買ってすぐ決済し、不安感を持ち越さないようにしています。もちろん絶対ではなく、基本はそうしているだけで、固執しているわけではありません。

専業投資家はともかく、ほとんどの人が、投資とは別の「本業」を持っているはずです。そして投資は単なる金儲けの手段ですが、本業は成長につながる人生の一部。やはり本業に集中できる環境づくりのほうが重要ではないでしょうか。

私も本業は会社経営ですから、本業に集中できる環境をつくりたいと考え、投資対象や投資スタンスも、基本は「**ほったらかし**」が好きなのです。

副業に過ぎない投資は「ほったらかし」でも大丈夫なものにする

第3章

他人のためにお金を使おう

他人からも投資されて生きていることを知る

自分自身が最大の投資対象だということは、すでに述べた通りです。でも、これは誰でも理解できるし、そんなことわかってるよ、という人も多いでしょう。

しかし、あなた自身も「**生まれてから今日に至るまで、すでに膨大な投資をされている存在である**」ということを認識したことがあるでしょうか。

では、いったいどこの誰が、わざわざあなたという人を投資対象に選んでくれたというのでしょうか。

たとえば両親がそうです。食費や住居費、教育費といった直接かかった費用だけでなく、

先輩
上司
親
生まれたときから
投資されて生きている

子育てに費やした時間やエネルギーもすべて金額に換算すると、両親はあなたが成人するまでに、膨大な額の投資をしていることになります。

そして**投資というからには、当然何かのリターンを求めています。**ならばあなたの両親は、あなたにどんなリターンを期待して投資したのでしょうか。自分たちの老後の世話でしょうか。家計のサポートでしょうか。

そんな金銭面ではなく、ありていに言ってしまえば、**あなたが幸せになることに投資しているのです。**

子が成長して、自分の人生を生き生きと送っている姿を見ることが、子育てという投資をした親の期待する報酬といえます。

そして、子どもと過ごしたプロセスもあるでしょう。仕事から帰ってきて我が子の寝顔に癒される。一緒に遊園地に遊びに行った。潮干狩りをした。キャッチボールをした。反抗期には、学校で問題を起こして先生に呼び出された。進学を巡って相談されたり意見が対立したりした。

また、子どもから教わることも多い。子育てを通じてこそ親が親として成長する。子どもと一緒に経験する喜びや悲しみ、怒りや感謝というプロセスすべてがリターンです。

また、小学校や中学校という義務教育を受けることは、社会から投資されていることと同義です。つまり国民の税金を使って、将来の日本を担う人材育成のために投資されているのです。

ということは、学校で何も学ばない・学べない生徒は、税金の無駄遣いに荷担していることになります（「教育は国家百年の計」といわれながら、昨今の教育政策は目を覆うようなひどさですが……）。

学び、稼ぎ、返す

今あなたが会社員なら、会社からも相当額の投資をされているはずです。仕事のノウハウはもちろん、業界知識や商品知識を教えてもらっていることでしょう。社内の他部署には、専門性を持った社員がたくさんいて、彼らの知識や知恵も得ることができます。しかも完全無料です。

教育研修制度がある会社であれば、ビジネススクールや英会話学校、通信教育の補助が出るかもしれません。私の会社でも、毎月1万円までは本代やセミナー代に使ってよいという補助を出しています。

そうやって勉強して自分を高めて会社に貢献してほしいという、会社からの投資なのです。

あるいは、たとえ今月の売上げが目標額を下回っても、フルコミッション（完全歩合制）でもない限り、月末になれば給料は支払われます。交通費や諸手当も支給されるし、社会保険料だって会社が半分負担してくれます。会社の設備や備品だって使えるし、会社でスマホの充電もできる。

それらはすべて、会社から社員であるあなたに対しての投資にほかなりません。もちろん、いずれ投資した以上の利益を会社にもたらしてくれることを期待しての投資です。

両親や会社以外にも、兄弟姉妹、友人、先輩、後輩、上司、部下、同僚……さまざまな人があなたに対し、助言やサポートといった投資を、過去、あるいは現在もし続けてくれています。そうした多くの人からの投資を受けて、今のあなたがあるのです。

そう考えると、いい加減な生き方なんてできないはず。「どうせ自分の人生なのだから、好き勝手にやっても誰にも迷惑をかけない」などと言っていたら、迷惑どころかこれまで自分を信じて投資をしてくれた人たちに損をさせてしまいます。**投資に対しては、期待を上回るリターンで応えるのが私たちの務めではないでしょうか。**

「学び、稼ぎ、返す」。勉強して自分の価値を高め、一生懸命働いて稼ぎ、そのお金をなんらかの形で社会に還元していくことが大切である、と私は考えています。

あなた自身は生まれてから今日まで、
すでに膨大な投資をされている

相手を儲けさせれば自分も儲かる

お金を儲けるのはそう難しくはありません。**先に相手を儲けさせてあげればいい**のです。儲けるというのは金銭面だけでなく、満足度といった感情面での儲けの意味も含みます。

たとえば報酬が10万円の仕事なら、がんばって倍の20万円分の価値を提供する。そうすれば、相手は10万円余計にトクするわけですから、期待以上の成果だと喜んでくれるし、またこの人に仕事をお願いしようということになります。

ところが、この順番を逆にして、先に自分の儲けのことを考える人のところには、お金は回ってきません。

たとえば、「最初から20万円分の仕事をするのできっちり20万円支払ってほしい。そうしないと割に合わない」という姿勢だと、相手も、「じゃあ高いお金を払う代わりにそれ相応の仕事をしてもらおう」という気持ちになって、そこでいきなりハードルが上がってしまいます。

しかも、きちんとやって当たり前だと相手は思いますから、「この金額でここまでやってくれるのか」という驚きや喜びまでは感じてもらえない。

もしかしたら、せっかく相手の期待に添う仕事をしても、「お金にうるさい人だ」という記憶しか残らないかもしれません。そうなったら二度目の仕事の依頼が来るのは望めないでしょう。

報酬というのはあくまで、**「相手に喜んでもらった対価として、あとからついてくるもの」**です。

「儲かる仕事」というのは、相手の喜び度が大きい仕事ですから、まずは相手に儲けさせてあげることが先なのです。

お金に固執すればするほど、逆にお金は離れていく

仕事の中身や充実度よりも時給や月給が気になる人というのは、もっと収入がいい仕事が見つかれば、そちらに移っていく可能性が高い。ではそういう人を積極的に雇いたいと思う経営者はいるかというと、むしろ少数派でしょう。

成功している人は、相手や顧客に対する思いやりと謙虚さを併せ持っています。そして、「困っている人の問題をどうやったら解決できるか、どうすればこの仕事で喜んでもらえるか」、つまり「マネー・ファースト」ではなく、「バリュー・ファースト」の発想を持っています。

結局、お金を儲けようと思うなら、**自分の価値を高め、相手に貢献することが必要**なのです。

報酬は相手を喜ばせた
対価として、あとからついてくる

気持ちよくオゴり、気持ちよくオゴられる

女性をはじめてデートに誘うときの口説き文句は、私だけではなくたいていの男性が「一緒に食事でもいかがですか」ですよね。

また、相手が男の人の場合、初対面で話が弾むと、帰り際にどちらからともなく「今度飲みに行きましょう」と声をかけるのも、わりとよくある光景です。

それが異性でも同性でも、その人ともっと親密になりたいときは、一緒においしい料理やお酒を共にするのが効果的だ、と誰もが本能的に知っているからでしょう。これは万国共通ですよね。

だから、ビジネスでもプライベートでも、仲良くなりたいと思ったら、食事に誘って

みることです。

酒食を共にするとコミュニケーションは深まり、相手との距離はぐっと近くなります。もちろん、お酒が飲めない人もいますから、食事だけとか昼間のお茶でもＯＫです。

一緒に食事をして仲良くなりたいけれど、お金がない場合はどうするか。見栄を張って高い店に行かなくても、安い店で演出する方法があります。それは簡単。**なぜその店を選んだのか、その理由を語ってあげると、ありがたみが増す**のです。

「ここはとにかく刺身がおいしいんですよ」

「絶対にここの牛すじ煮込みは食べてもらいたいと思いましてね」

とひとことフォローし、「この店にあなたを誘ったのには理由があるんですよ」と含ませておけば、相手も「なんだ、こんな安い居酒屋に誘いやがって」とは思わないものです。

会社で接待交際費というと、どこか後ろめたい費用のような響きがありますし、ビジネスにそんなもの無駄だという意見もあります。

お酒が不可欠だというつもりはありませんが、食事や酒を共にするのは、うまく活用するとビジネスが円滑に進みますから、もっと大っぴらに「飲もう」と言っていいのではないでしょうか。

オゴられるときはすっぱりさわやかに

食事や飲み会のとき、同期や同僚、友達同士なら割り勘でよいと思います。しかし自分のほうから誰かを食事に誘うときは、「あなたと一緒に食事という大切な時間を過ごしたい」という意思表明ですから、当然費用は自分持ちです。しかも恩着せがましくなく相手に伝わるようにしなければなりません。

私も起業家や経営者など多くの成功している人と食事に誘い誘われる機会がありますが、「ここは割り勘で」という人にはほとんど出会ったことはありません。彼らはこのあたりの振る舞いが洗練されています。

ある尊敬する経営者と一緒に食事をしたときのことです。夜も10時を回ったところで、そろそろ帰りましょうとなりました。すると彼はスタスタと店から出ようとします。あれっと思って聞くと、「ああ、もう支払いは終わってるよ」と涼しい顔。彼は、トイレに立ったときに支払いを先に済ませていたのです。

「カッコいい！」と思い、それ以来、私も人を誘う際には、同じようにしています。でもこの方法がポピュラーになると、誰も食事中にトイレに行けなくなってしまいますね（笑）。

しかし、こぢんまりした店ではレジが丸見えで、この方法は使えません。そんな環境でもいかにスマートに支払いをするかが問われます。

レジの前で伝票を奪い合いながら、「ここは私が払いますので」「いえ、私が」などとお互い主張し合う光景は、傍から見るとみっともないですからね。

でも、もしそういう状況になったら、そこはすっぱりさわやかにオゴられましょう。そして、「今日は本当にごちそうさまでした。ぜひ次は私のほうで一席設けさせてください」と言えば、お互いすっきりします。

でも結局はオゴることになりますから、それなら先にオゴったほうがいい。だから多くの成功者は、テーブルに置かれた伝票をサッと持ってすばやくレジに行くか、店員が伝票をテーブルに置いた瞬間に、自分の手元に引き寄せる、という方法をとるんですね。

オゴるのもオゴられるのもスマートな対応を

常連客ではなく、上得意客になる

人をもてなすために、招待できるお店をいくつかリストアップしておくと便利です。それも相手に合わせて対応できるよう、いろいろバリエーションを持っておきたいものです。

相手が目上の年長者なら和食の料亭とか、女性ならイタリアンとか。懐が寂しいとき用に値段は安いけれどおいしい店、経費で落とせるなら高級な店、親密な話ができる個室のある店など。

待ち合わせやタクシーで行く際にも場所がわかりやすい、ホテル内のレストランやカフェを押さえておくのも便利です。

私も都内の20か所くらいをリストアップしていて、カバンの中にいつもレストランカードを入れています。急な会食でも、タクシーの中でサッと予約できます（最近では専用アプリを提供している企業も増えています）。

そして、せっかく大事な人を誘うなら、その店の中でも一番よい席を予約したいものです。他にも、メニューにない料理を出してもらえると、誘った相手にも特別な印象を持ってもらえます。そのためには、お店の上客になる必要があります。

そう、**「常連客」より「上客」**です。高い頻度で通う常連客は、いつしかナアナアな関係になり、店側も客に対するありがたみが薄れます。でも上客であれば、月1回しか行かなくても、最高のサービスを受けられます。

ではどうすればよいか。3つの方法をご紹介します。

「上客」になるための3つの方法

1つ目は、**一度にドカンと使う**ことです。1回1万円で月に10回来るよりも、月に1回でも10万円使う客のほうが上客と思われやすい。なぜか？

まず、印象に残ります。次に、小さな金額では、頻繁に来てくれても店にとってのうれしさは小さいですが、一度に大金を払ってもらえるとうれしい。

そして店側は、「この客は他の店でも同じように気前よく使っているだろうから、他の店に行く回数を減らして自分の店に来てもらいたい」と考えます。

そのため、店側は必死で接客します。裏メニューも出す。一品サービスもしてくれる。

だから、頻度を減らしてでも1回あたりに使う金額を大きくする、というのが1つ目の方法です。

2つ目の方法は、**はじめて行く店では、料理を最初から大量に注文する**ことです。一品ずつ注文するのは「財布と相談しながら注文するしょぼい客」という感じがあります。

しかし、いきなり一気に大量注文すれば、店側は「羽振りのよい客」と思ってくれます。

すると店側もリピーターになってほしいと考えるから、サービスにも力が入るわけです。

同じ金額を使うなら、最初から上客として扱ってもらったほうが気分がいいですしね。

ただし、これは居酒屋やカジュアルダイニングでしか使えない方法です。

本来、「温かいものは温かいうちに、冷たいものは冷たいうちに食べる」のが料理と料理人に対する礼儀であり、おいしく食べる基本です。

つまり一気に注文するとすぐには食べ切れず、冷めたり乾いたり火が通り過ぎたりしてしまうので、料理に自信がある店では「料理の味わい方を知らないヤツ」と思われ、逆効果になる危険性があるので注意しましょう。

「上客」になるためには
①
一度に
ドカンと使う
②
はじめて行く店では
料理を最初から
大量に注文する
③
お金を持っていそうな
雰囲気を
演出する

最後の3つ目の方法。

高級店などに行く場合、仕立てのよいスーツをパリッと着こなし、女性ならドレスを着ていく。そして、一番高いコースを注文し、高めのワインを注文する。つまり、**お金を持っていそうな雰囲気を演出する**のです。

すると、店側はやはりリピーターになってもらいたいから、サービスが行き届きます。チップよりも断然有効です。お店を出るときもフロア長、料理長がそろって店の外まで見送りに来ます。

しかしこれは店側にとってもメリットがあります。なぜなら、客にしてみればある種のプレッシャーになるからです。

どういうことかというと、客のほうも「こんなによくしてもらったら、次も来ないわけにはいかないな」「わざわざ見送りをされて頭まで下げられれば、次からちょっと一杯で帰るわけにはいかないな」となるからです。

外まで見送っても、わずか数歩、数十秒。この差が富をもたらしてくれることに気づくかどうか。

私たち客側が気持ちよく楽しむためにも、店側が利益を上げるためにも、そんな小さな心理学を知ることが大事だということです。

私の友人で、まさにこれらの方法を実践している女性がいます。彼女は飲食店に行くときは、どんな安い居酒屋でも、ほぼドレスを着ていきます。だから浮いて目立ちます(笑)。

次に、必ず店員に話しかけます。そして一品食べた直後に、「お礼を言いたいから」

と店長やオーナーシェフなど店の責任者を呼びます。

そして「すごくおいしいです！　こんなおいしい店がここにあるなんて知らなかった！　ゼッタイまた来ますね！」と、目をウルウルさせながら言うのです。

まずはこれで、その日の料理やお酒は他のテーブルよりも早く来るようになります。

その後、本当に3日と空けずにまた行きます。また店長を呼んであいさつをします。当然、店長は彼女のことをよく覚えています。これでもう店長はイチコロ。

三度目からは、メニューにはない料理が出てくる出てくる。「これ他の客にはナイショね」と料理のサービスまで出てきます。彼女はますます感激し、友達を連れてくるから、店もますますうれしい。

彼女は、「目立つ」「ホメ倒す」「責任者と仲良くなる」「覚えてもらう」「友人知人を連れてくる」という、上客になる要素を無意識のうちに実行しているのです。おかげで彼女と食事をすると、同じ金額でたらふく食べられるのです（笑）。

3つの方法を実践し、上客を目指そう！

第4章

自分基準の価値にお金を使おう

買ったものは徹底的に使い倒す

お金を使うことはすべて投資と考え、モノを買うときは、投資分を回収するまで徹底的に使い尽くすと決めてみてはいかがでしょうか。逆に、お得なように見えても使い尽くす自信がないならば、それは買わない。

私は、かつて値段の安さに飛びついてノートパソコンを買ったことがあります。ところがその商品は意外に重く、結局持ち歩くのをあきらめました。そこから学んだ教訓は、「モバイルパソコンは軽量かつ長時間バッテリーを最重視する」ということでした。

そこで値段は高いけれども、パナソニックのレッツノートを買いました。900グラム台（当時）という本体の軽さに加え、ACアダプターも予備バッテリーも軽い。しかも長時間駆動が可能で、1日外で作業しても大丈夫。

買う前に自分が活用している姿をイメージしよう

もっと高性能のパソコンもありますが、性能や値段の差より、数百グラムの重量の差が、モバイル生活が根づくかどうかを決するというのが、私の失敗から得た教訓です。

おかげで、ほぼ毎日どこに行くにも携帯し、暇さえあれば開いて原稿を書いたり資料を作ったりなど、徹底的に使い倒せています。

商品のスペックや価格を比較してどんなにいい買い物をしたと思っても、使いこなせなければお金を捨てたようなものですから。

そのためにも、**自分がそれを使っている具体的なビジュアルをイメージしてみる**ことです。

それを使いこなしている自分の姿、たとえば、日々ノートパソコンを持ち歩き、時間があったらカフェに入って仕事をしている姿を想像してみる。

それで「外出先で作業することってなさそうだなあ」「そんなにカフェに入る習慣はないなあ」と思ったら、ノートパソコンを買っても使わないだけですから、すぐにホコリをかぶってしまうことになりかねません。

こうすれば、何を重視して選べばいいか、あるいは本当に使うかどうかが見えてきます。

このように考えれば、「半額なら買わなきゃ損だ」と思ってバーゲン会場に押し寄せるようなことはなくなります。だって使うかどうかわからないものを、いくら半額でも買う必要なんてないわけですから。

購入を決定する自分なりのルールを定めておく

衝動買いをしやすい人は、欲しいと感じてもすぐには買わず、1週間ぐらいその気持ちを寝かせてみましょう。1週間たっても欲しい気持ちが変わらなければ、はじめてそこで買うというふうに、**ルールを決めておく**のです。

欲しいと思ったら気持ちだけが盛り上がり、感情で判断してしまいますから、それは本当に必要か、使いこなすことができるか、冷静になって判断するために1週間という冷却期間を置くのです。

特に家電製品に多いですが、私ははじめて買うものは、最も安い機種を選ぶようにしています。安物買いの銭失いと言われることもありますが、まず使ってみなければ、本当に必要な機能はわからないものです。

しばらく使ってみるうちに、本当に必要な機能がわかりますし、高機能機種も値段が下がってきます。それから高機能の機種を買えば、不要な機能に高いお金を払わなくて済みます。ただケチると安物買いの銭失いになりますから、はじめての分野の商品・サービスに限ります。

また、必要最小限から始め、少しずつ買い足していく考え方も有効です。はじめて一人暮らしをするとき、最初から全部そろえると結局使わないものが出てきてしまうので、洗濯機と冷蔵庫だけ買い、あとは必要に応じて買い足していく、という方法です。

商品を買う前に、そのモノを使っている自分の姿をイメージしよう

世間相場や常識に振り回されない

俗に薬九層倍《くすりくそうばい》といいますが、化粧品の商品原価というのは一般的に定価の10分の1程度といわれています。私もかつて化粧品ビジネスを手掛けたことがありますが、知ったときは驚きました。大手メーカーの1万円する乳液も、製造コストは1000円以下です。

では、なぜ販売価格がそんなに高いかというと、研究開発費だけでなく、テレビコマーシャルや雑誌・web広告といった広告宣伝費、営業部門の人件費などが価格に含まれているからです。大量に広告を打ち、販促をおこなって認知度を高める。ナショナルブランドの化粧品はそういうビジネスモデルで成り立っているのです。

では、１０００円以下でつくられた化粧品に、本当に広告で謳われているような効能があるのでしょうか。なんだか、納得しにくいですよね。

だからといって、１万円で買うことが愚かだというわけではありません。それが自分にとって１万円の価値があると認めるなら、問題はありません。もし「エエッ！」と感じたとしたら、もともとその効能に疑問があったからともいえます。

買い物で重要なのは、**支払う金額に見合うだけの価値が、そのモノやサービスにあると自分が思えるかどうか**、ということ。つまり価格から価値を推し量るのではなく、その価値を自分がいくらだと認めるかです。

マンションでも、販売会社が売れ残った部屋を売るために、たとえば４０００万円から３０００万円に値下げしたため、最初に４０００万円で買った人たちが激怒して販売会社に乗り込んだ、というような話を聞くことがあります。

確かに不愉快な気持ちはわかります。しかし、最初に買った人は、自分がその物件に４０００万円の価値があると認めたから買ったわけで、他の人がいくらで買ったかどうかは、自分の満足度には本来関係ないはずです。

それに、購入を決めたのが早かったからこそ、同じマンションでも場所や間取りがよい物件を取得できたわけです。

しかも売れ残る物件はたいてい、日当たりがよくないとか、角部屋じゃないとか、間取りが使いにくいとか、駐車場から遠いとか、何か売れ残るだけの理由があります。

そういう物件が1000万円安く買えたからといって、同等の満足感を得られるかどうかは、わかりませんからね。

価格ではなく価値にお金を払う

『ミシュランガイド』にはプロが認めた有名店が掲載されていますが、三つ星だから値段が高くてもありがたいか、赤坂や銀座にあるから高くてもおいしいか、というと必ずしもそうではありません。

世の中には調査員ですら予約がとれないため、評価の土台に上げられない店や、「ぐるなび」や「ホットペッパーグルメ」にも掲載されていない地元の人だけが知る名店もあります。そういう店は概して格安です。

私が以前住んでいた郊外の街には、炭火で焼いたとてつもなくうまい焼鳥屋がありました。でも1本90円です。

株式投資も、自分がその銘柄を買うのは、いったい何に投資しているのかを考えて選ぶ必要があります。

投資とは、本来は「価値」に資金投下し、リターンを求めるはず（逆に投機は「機」、つまりチャンスに資金投下するという意味ですね）。

では、その価値とは何か？　その会社の知名度なのか、あるいはイメージなのか。成長性や将来性なのか。

不動産投資も同じで、「不動産の価値とは何か？」を考える必要があります。私が考える価値とは、貸すときの家賃が下がりにくいこと、資産価値が維持されやすいことであったりします。

ものごとの本当の値打ちというのは、他人がつけた値段と比べるのではなく、自分が認める価値、つまり「**自分相場**」を知ることです。

かつて「オープン価格制度」が導入されたとき、多くの人が戸惑ったそうですが、それだけ自分で値段を決められない人が多いということでしょう。

自分で商売する人は、値付けの難しさを知っています。高すぎても安すぎてもいけない。だから成功している経営者はモノの見極めがすごいのだと思います。

値段が高ければ満足度が高いわけではない

たとえばポルシェというクルマはすごくよいクルマです。ポルシェの主力車種である911シリーズの最高峰に位置する911ターボは、新車で約2500万円もします。私がポルシェに認める価値は、その動力性能です。静止状態から時速100キロにわずか3秒足らずで到達する加速性能。高速巡航での安定感。

ポルシェを買う人にとっては、クルマはただの移動手段ではなく、高性能マシンを操る喜びを得るツールであり、それを体現するポルシェというブランド価値なのでしょう。

しかし私なら、日産GT-Rを選ぶと思います。GT-Rも0~100km／h加速はポルシェと同等の速さでありながら、しかも値段はポルシェの半額以下の約1000万円。私にとってはGT-Rで十分満足できるわけです。

同じ満足感、同じリターンが得られるのなら、（ブランドの価値を無視するなら）値段は安いほうがよいのは言うまでもありません。こういうことは、世の中のさまざまなところで見られます。

たとえばスマホ。最近は大手キャリアも値下げしていますが、格安スマホはもっと安い。料理にしても、たとえ居酒屋チェーンでも、高級店に負けないくらいおいしい料理はたくさんあります。

何を言いたいかというと、大事なのは値札に書かれた金額ではなく、**それによって得られるリターン**だということです。ゼロの数がいくつあるかで価値が決まるわけではありません。

本当のお金持ちの中には、フェラーリも楽に買える資産がありながら、運転しやすいからとあえてレクサスに乗る人もいます。

彼らは自分が本当に価値を認めるものだけにお金を使います。なぜなら、自分に自信があるので見栄にお金を使う必要がないからです。

価格が高ければ価値も高いというのは、必ずしも当てはまりません。この世には、価値が低くても値段が高いもの、値段は安いけど価値が高いものはたくさんあります。

ブランドに頼ると、モノを見極める眼力が養われない。見栄やプライドに支配されると、ブランドを盲信し、自分でモノの価値を見抜けない体質になってしまいますからね。

商品の本当の価値を見極める
「自分相場」を知っておこう

本気なら一流品を買う

逆説的なようですが、価格と価値が相関関係にあるものもあります。特に趣味や教養の分野では顕著に見られます。

先ほど、最初は安いものから入りましょうという話をした通り、趣味やスポーツ、お稽古事なども、まずは安い道具から始めてみるほうがよいと思います。というのも、それが続くかどうか、おもしろいと感じるかどうかはやってみなければわからないからです。

しばらくやってみて、本気で続けたい、上達したいと思ったら、次からはいきなり高級なものを買えばいい。たとえば写真を撮るカメラ、絵を描く絵の具や筆、茶道の茶器、ピアノやバイオリンなどの楽器は高級品、一流品を買うのです。

一流品を買うべき2つの理由

いきなり高級なものを買う理由は2つあります。

まず、これらの道具は、**価格と品質がほぼイコールの関係にあるから**です。たとえばピアノであれば、値段の高いピアノは深く豊かな音を出し、弾くときの鍵盤のタッチも違います。

『弘法筆を択《えら》ばず』といわれることもありますが、本気で上達を目指そうと考えるなら、つねに一流の音色に触れておいたほうがよいですから、高級品を買うのは必要な投資だといえます。

もうひとつ、**一流の品を所有することで、自己関与欲求が出てくるから**です。よく「形から入る」ともいわれるアレです。

たとえば値段の高い高機能一眼レフカメラを買えば、自分の生活における写真の重要度が高まります。安いデジカメを持って、被写体を真剣に追いかけるということはないですよね。

つまり、一流の道具を持つことによって、積極的かつ真剣にそのことに取り組もうとする意欲がわくのです。

考えてみれば、その道のプロは一流の道具を持っていますよね。プロのバイオリニストはストラディバリウス、ピアニストはスタインウェイ、居合道の達人は備前長船などを所有しています。

子どもに対しても同じで、子がプロスノーボーダーを目指したいと言い出したら、一流のボードを与えてあげる。プロ棋士を目指したいと言い出したら、一流の将棋盤と駒を与えてあげる。それがますます子どもを夢中にさせるのです。

そして、その夢中になる体験で培った集中力が、社会に出てからの勉強や仕事への集中力につながるのです。

一流品を所有することで、より集中でき、より継続できる

値引き交渉は高度なワザ

モノやサービスの価格を決めるのは、売り手ではなく自分です。

ですから、自分が認めた価格より安ければ買い、高いと思ったら恥ずかしがらずに値引き交渉する。それで納得できなければ買わない。それが後悔しない買い物のひとつの方法です（大阪の経営者に言わせると、「東京の人は値引きしてこないため商売がしやすい」ということです。よいのやら悪いのやら……）。

ただ、値引きというのは実に難しいものです。なぜなら、相手のやる気をなくし、サービス低下につながったり、長い付き合いができにくくなったり、スケジュールの前倒しやちょっとした仕様の変更など、柔軟な対応を頼みにくくなったりすることもあるからです。

たとえば自宅のリフォームでも、普通は複数の業者から見積もりをとって比較検討し値引き交渉します。

しかし、値引きしないで見積もり通りの金額を支払えば、業者はしっかり利益を得られてうれしいですから、ゴリゴリに値引きされて請け負った工事よりも気合いが入るのではないでしょうか。

あるいは普段より丁寧に施工してくれたり、ちょっと気に入らない箇所があれば無料で取り替えてくれる、ということがあるかもしれません。

電化製品も、安いディスカウント店ではなく、値段が高くても地元の電器店で買うお年寄りが多いのは、調子が悪いとすぐに駆けつけてくれ、電球1個でも持ってきて交換してくれるからです。

その家の電化製品は全部その店で買っているから、アフターフォローも全部無料でやってくれる。ディスカウント店よりも高い代金は、アフターサービス料も込みで支払っているということ。つまり正価には、よりよいサービスを受けるための必要経費が含まれていることもあるのです。

値引き交渉は、やり方を間違えれば自分の品位を落としてしまいますから、より慎重にしなければなりません。

必ずしも値引き交渉がよいわけではない

サンクコスト発想法でモノへの執着を捨てる

お金持ちの共通点に、モノに執着しないという点があります。

たとえば使わなくなった雑貨、着なくなった服などは、すでに役割を終えているので、いつまでも手元に置いていても仕方がありません。だったら捨てるか売るか誰かにあげるかしたほうがいいと考えます。

反対に貧乏な人ほど、モノが捨てられません。しかも高いお金を払って買ったものほど、「高かったから」「また使うかもしれないから」と、とっておこうとします。

いくら過去に高いお金を払って買ったからといって、そのお金はもう戻ってきません。

いわゆる**サンクコスト（埋没費用）**です。サンクコストは意思決定に組み込むべきではないというのは経営学の教科書でもおなじみです。

そういうものは大事にとっておいても、不用品、つまりゴミですから、何も生みません。しかも、そのモノのせいで、保管や管理に余計な費用がかかります。いらないものが家の半分を占めていれば、家賃の半分が倉庫代に消えているようなものでしょう。

トランクルームも、たとえばスタッドレスタイヤやスノーボードなどのように、特定の季節しか使わないものを預け、自分の家を広く使う、というのなら合理性があります。しかし、すでに使わなくなったものを毎月費用を支払って保管しておく人もいるので、トランクルームビジネスはそれなりに活況を呈しています。

クッキーの空き缶や着古した服に囲まれて過ごしたい人はいないと思います。だから、いらないものに囲まれて暮らすのではなく、もっと快適な自分の空間づくりを考えてみましょう。

たとえば服はワンシーズン使わなかったら捨てるとか、雑貨はしまおうと考えた時点で捨てるとか、自分なりのルールをつくります。

もちろん、捨てるのがもったいなければ、メルカリやヤフオク！で売るという方法もアリです。特にヤフオク！は、入札価格を思いっ切り下げておけば、入札件数が増えて目立つので、思わぬ高値で売れる場合があります。

ビジネスでいわれる「選択と集中」も、キモは**「捨てる」決断**にあります。過去にかけてきたコストにこだわらず、不要だと思えばあっさりと捨て去ることができる決断力。名経営者といわれる人は、そんな勇気を持っているからビジネスで成功したのでしょう。

元をとろうという考えは二重の損

もうひとつ、支払ったお金だけをコストと考え、元をとろうとすると思わぬ損をする羽目になります。ここでも、サンクコスト発想法が応用できます。

先ほどは「徹底的に使い倒す」と言ったのに、なんか矛盾してるんじゃないかと思われるかもしれません。しかし何事も、時間とコスト、そして満足度とのバランスが大切です。

たとえば、バイキングやビュッフェでよく目にする、あれもこれもと料理を皿に山盛りにして運んできては、結局食べ切れずに残してしまう人たち。

彼らは、最初のうちこそ料理を堪能していたかもしれませんが、最後は苦しげに腹をさすりながら帰っていきます。

本当に食べたいものを必要な量だけ味わって食べたほうが、よっぽど満足度が高いはずですが、元をとろうという気持ちが強いから、そんな苦行のような食事になってしまうのです。

映画も同様に、たいしておもしろくないなと感じても最後まで我慢して見続けるのは、もったいないから代金の元をとろうという気持ちがあるからでしょう。

けれども、つまらない映画に最後まで付き合ったら、チケット代１８００円と、さらに貴重な時間を2時間も失うことになります。

しかし途中で席を立てば、損失はチケット代の１８００円だけで済みますから、お金と時間を奪われるダブルパンチは避けられます。

また、レストランの料理がおいしくない場合、注文した料理は最後まで食べ、支払い

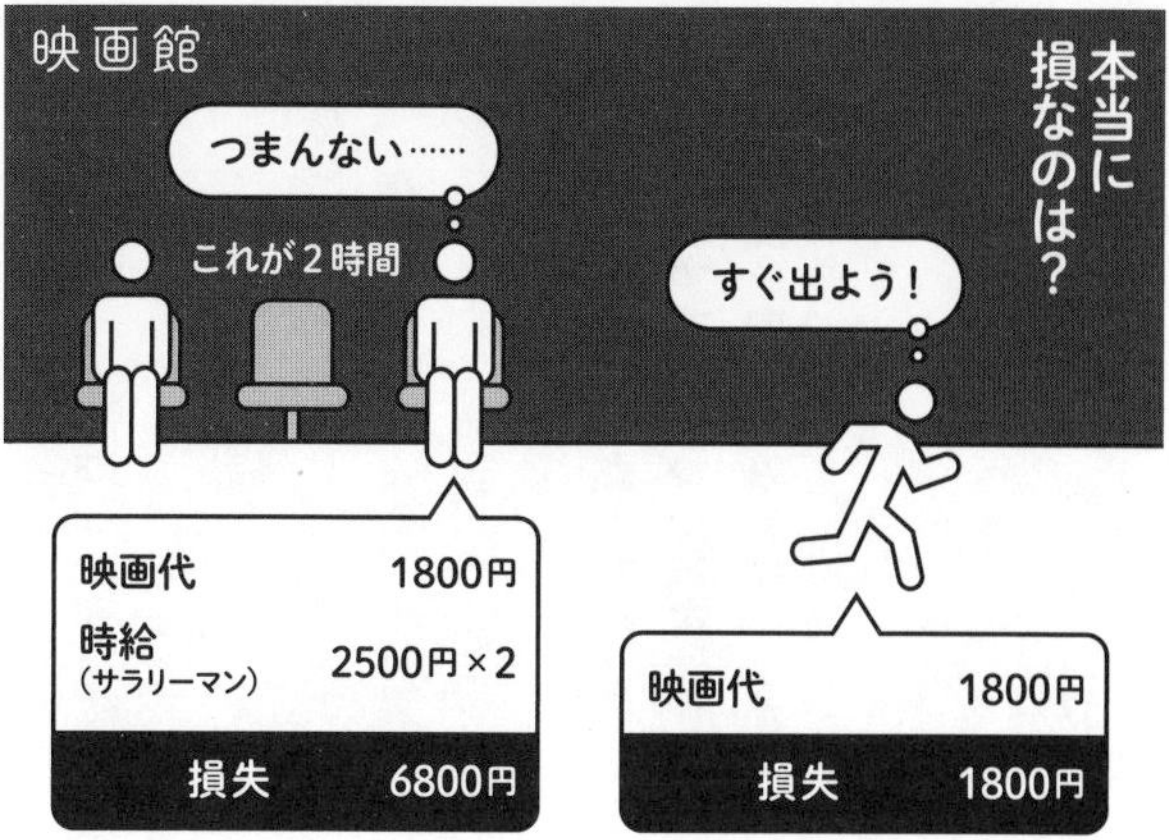

を済ませ、店を出てから文句を言うのがよくあるパターンです。

しかし私の友人の20代にして年配の美食家もうならせる舌を持った女性は、ひと口食べてマズイと思ったら、注文した料理がまだ来ていなくても、代金はすべて支払い、すぐに店を出るというツワモノです。

「人生において食事できる回数は決まっているのよ。そんな貴重な食事を、おいしくないものを食べて台無しにしたくない。だから当然の行為よ」というのが彼女の言い分です。

そこには、すでに料理を注文して料金が発生しているのだから、我慢して食べるという発想はありません。

お店の人はたいそう困惑しますが、お金を

失うだけでなく、不愉快な料理でおなかを満たすのは二重に損だ、という彼女の考えも理解できます。それにしても、彼女と食事に行くと、いつもヒヤヒヤします。

テーマパークで高額な1日パスポートを買ったから、できるだけ多くのアトラクションを体験しようと走り回る人たち。楽しむより義務になっている印象です。

せっかく旅行に来たからといって、ガイドブックに載っているスポットを端から回る強行スケジュールを組む人たち。その地の世界観を感じるのではなく、宿題をこなしているような印象です。

お金は失っても、また稼げばいい。しかし、失った時間は取り戻すことはできません。

だから、**すでに払ったお金はサンクコストととらえ、満足度の高い時間を手に入れるほうに意識を向けてみてはいかがでしょうか。**

サンクコストな発想で無駄な投資を排除する

計画性と自制心を持つ

お金持ちは計画性や自制心があるから、一時の見栄や欲望でお金を使うことがありません。しかし貧乏人は、計画性も自制心もないから、見栄や欲望で必要のないものを買うことが多い。だから**「商売は貧乏人相手のほうが儲かる」**といわれるのでしょう。

たとえば消費者金融は、今ほど厳しい規制がかかる前は、非常に儲かるビジネスでした。なぜなら、お金の計画性がない人が相手だからです。そんな人が多いから借り過ぎて返せなくなる人が続出し、政府も重い腰を上げて規制したんですね。

彼らは銀行のフリーローンと消費者金融のカードローンの間には、借りる金額が同じでも、５％以上の金利差があることに気がつきません。

「ご利用は計画的に」とテレビＣＭで謳っても、そもそも計画性がないために消費者金融に来るわけですから、そんな言葉は届きません（でも言わなきゃいけない消費者金融会社も気の毒ですが）。

いったい自分がいくら稼いでいるのか、いくら生活コストがかかっているのか、いくらまでなら使っても大丈夫かもわからなければ、面倒くさがって考えようともしない。そして広告宣伝に影響されてモノを買う。

欲しいという欲求を抑えられない。カッコよく見られたい、賢いと思われたい、セレブ扱いされたいという見栄が強いから、欲しいと思えばすぐに購買行動に移す。こんなおいしいカモはいないでしょう。

富裕層向けビジネスが難しい理由

逆に富裕層向けビジネスは、ことのほか難しい。なぜなら、彼らは計画性も自制心もあるため、企業の見え透いた広告戦略やマーケティング戦略ではなかなか踊ってくれないからです。

彼らは自分が富裕層だという自意識はないため、そもそもそんな言葉自体が響かない。彼らは自分に自信があるため、見栄を張る必要もない。だからゴージャスな内装とか豪華なパンフレットには見向きもしない。

セレブ扱いされてうれしがるような陳腐な虚栄心は持っていないから、単に丁寧な対応をされるからといって、そこに高い手数料を支払う必要性を感じない。

要するに、富裕層向けビジネスを標榜する会社は、やり方を根本的に間違えているということですね。

それはともかく、お金持ちの発想に学ぶとすれば、「**自分がいったいどんな価値にお金を使おうとしているのか、そしてその出費は自分に何をもたらしてくれるのか**」を考え、計画性と自制心を養うことが大切だといえるでしょう。

一時の見栄や欲望に流されてお金を使わない

加入している生命保険があなたのファイナンシャル・リテラシーのレベル

日本人の生命保険の加入率は、生命保険文化センター「令和元年度　生活保障に関する調査」によると、82・1%だそうです。海外の先進国平均が50%くらいということを考えると、日本人の命に対する価値というか、不安感の強さが世界一ということなのでしょうか。

また、「平成30年度　生命保険に関する全国実態調査」によれば、世帯の年間収入に対する生命保険料の支出割合は7・2%だそうで、年収600万円の世帯では、月3万6000円、年間43万円も払っているということになります。

私たちが生命保険に加入するのは、いったい何に価値を見出しているからでしょうか。

それは「安心」です。もし自分が死んだら、遺された人たちが経済的に立ちゆかなくなる可能性がある。けれども、保険に入っていれば、万が一のときにも安心、というわけです。

結局儲かるのは胴元である保険会社

保険会社が私たちに保険を売る理由は、**間違いなく彼らが儲かるから**です。優秀な保険会社の社員たちが長年にわたり確率計算をした結果、私たちはそう簡単に入院しないし、そう簡単には死なないということですね。

「どの保険がいいのか？」「どこの保険料が安いのか？」「どの保険が得なのか？」

そんな特集がよくマネー雑誌で組まれますが、これらの問いはすべて「保険に加入する」前提になっています。

それよりも前に、**「そもそも生命保険は必要なのか？」「貯蓄で代替することはできな**

いか？」から考えてみてはいかがでしょうか。

たとえば、厚生労働省が令和2年に公表した「生命表」によると、男性が60歳まで生きる確率は約93％だそうです。つまり1クラス45人とすれば、同じクラスのうち4人が

あなたの
ファイナンシャル・リテラシーの
レベルは？
特約は？
保険金額は？
どんな場合に
保険が
下りるのか？
下りないのか？
どんな保険に
入ってるかを吟味しよう

死亡し、41人はまだ生きていることになります。

統計上から考えると、「本当に保障が必要な時期（子が成人するまで）には、何もない確率のほうがはるかに高い」ですから、かなり分の悪い賭けだといえるかもしれません。

また、すでに加入している人で、自分の加入している生命保険がどういう商品で、どんな特約がついていて、どんな場合にいくら保険が下りて、どんな場合に保険が下りないか、わかっている人はどれだけいるでしょうか。

3年ごとにボーナスが出るとか、貯蓄型になって利息がつくとか、いろいろ多彩な商品が販売されていますが、基本はどれも胴元が儲かるようにできています。

「保険は家族に対する愛」という宣伝文句がありましたが、そんな道徳的な表現に惑わされることなく、自分が死ぬ確率をどう捉え、かけた保障額が本当に必要な金額かどうか、慎重に吟味してみましょう。

ちなみに私は、生命保険は所得控除が最大に受けられる最少の金額（年間8万円）で入っています。

正確にいうと2億円近い生命保険に入っていますが、そのほとんどを自分では払っていないのです。なぜなら、不動産投資でローンを組むときに団信（団体信用生命保険）に加入しているからです。

住宅ローンを組んだことのある人はご存じだと思いますが、銀行からお金を借りて不動産を買うとき、一般的には団信に加入します。これは、お金を借りた人にもしものことがあった場合、保険会社が残りのローンを払ってくれるという制度です。

そうすると、自分にもしものことがあったら、奥様やご家族の手元にはローンのないきれいな不動産が残り、家賃収入がまるまる手に入ることになります。不動産を相続した人は、物件を所有し続けて家賃を得てもいいし、売却してお金に換えてもいい。

団信の掛け金（保険料）は金利に含まれていますから、家賃収入でまかなわれています。だから実質的には自分で払っていないし、別途生命保険に入る必要も低いのです。そのぶんが浮くので、他のことにお金を使うことができるというわけです。

「保険料がもったいないなあ」と感じている人は、一度、不動産投資を勉強してみてはいかがでしょうか。

いずれにしても、生命保険は住宅に次ぐ大きな買い物といわれます。テレビを買うときはいろいろ比較して吟味するのに、そんな大きな買い物を「付き合いで」とか「何となく勧められるままに」支払うと、思わぬ大損をしてしまいかねません。

つまり、**どんな保険に入っているかが、あなたのファイナンシャル・リテラシーのレベル**なのです。

生命保険は分の悪い賭け事

金融商品の不都合な真実

今あなたが買おうとしている商品・サービスは、お金のバリューチェーンのどのステージにあるものでしょうか。

（バリューチェーンとは、商品やサービスが顧客に提供されるまでの一連の活動、具体的には製品の製造や販売、それを支える開発や労務管理など、すべての活動を価値の連鎖として捉える考え方のこと）

当然ですが、**バリューチェーンの上流に行けば値段が安くなるし、下流に行けば行くほど高くなります。そのバリューチェーンに関わる人が少なければ値段は安いし、多ければ多いほど高くなります。**

スーパーで肉と野菜を買って自宅で調理すれば、外食するより安くなります。外食産業の原価率は20〜30％ですから、５０００円の料理は１０００〜１５００円の食材でつくれるということです（もちろん、料理にかかる時間を無駄だと思えば外食のほうが相対的に安くなりますが）。

高級スーツは、デパートで既製品を買うより、個人の自営業者が提供しているオーダーメイドスーツを買うほうが安くなります。間に流通マージンがほとんどかからないからです（逆に紳士服チェーンのスーツは大量に生産するため確かに安いのですが、必ずしも自分の体形にフィットするとは限りません）。宝石も個人デザイナーからオーダーメイドで買うほうが安いです。

新車も整備工場で買うほうが安いことがあります。従業員の数が少ないため、ディーラーほど利益を乗せなくてもよいからです。

バリューチェーンの最下層商品

投資の世界も同じで、一番儲からない金融商品のひとつが投資信託です。株やＦＸなどはプロと同じ土俵に立って自分の判断でおこないますが、**投資信託はプロが選びプロ**

が運用する、しかも関わっている人の数も多いという、バリューチェーンの最下層だからです。

それに、通常の商品・サービスではバリューチェーンの最終工程は最も付加価値が高いのが一般的ですが、投資信託の場合は必ずしもそうではありません。市場が暴落すれば、簡単に価値が目減りするからです。

多くの金融専門家と称する人たちが投資信託を勧めていますが、そのアドバイスは本当にあなたにとって適切なのでしょうか。

どうやったらバリューチェーンの上流でモノやサービスを買えるか。あるいはバリューチェーンの中間を抜いて買えるか。それを考えるには、**モノやサービスがどういう流れでつくられているか**を理解しようとすることが必要です。

最下層の投資商品には安易に手を出さない

第5章

子どもより、まずは自分自身にお金を使おう

お父さんの小遣いはもっと増やすべし

家計が苦しくなってくると、最初に削られるのはお父さんの小遣いなのだそうですが、それは間違っているのではないかと思います。

私は、『大事なことは3秒で決める!』（アスペクト）の中で、「多くの場合、親が成功していれば、子どもも成功する傾向が強いようです。つまり、『子どもは親の背中を見て育つ』ということでしょう。したがって、子を成功させたいと思ったら、『まず親である自分自身が成功する』努力をすることが重要になるということです」と書きました。

では、具体的にどうすればよいでしょうか?

そのためのひとつの提案が、**「お父さん（お母さん）はもっと小遣いを増やすべし」**というものです。つまり、「親がもっと自分に投資して自分の価値を高め、より稼げる、より長く稼ぎ続けられる人材になる」ということです。

お父さんのお小遣いは月3万円かもしれませんが、自己投資のぶんまでお小遣い制にしてはいけない。子どものお小遣いを減らしてでも、お父さんは自己投資しましょう。塾通いの費用を削ってでも、お父さんの本やセミナー代に充てる。「子どもにケータイ（スマホ）を与えるくらいなら、ビジネススクールの費用を出して」と主張してみましょう（恐妻家の人は、おそろしくてそんなこと口にできないかもしれませんが）。

専業主婦のお母さんだってもちろん、美と健康と教養のために投資しましょう。子どもにとってきれいなお母さんはいつでも自慢だし、芸能ネタばかりじゃなく、文化・芸術を語れることは、子への知的刺激にもなります。

家を買ったら書斎をつくる

家を買ったら、まずはお父さんの書斎を確保しましょう。たとえ子ども部屋が狭くなったとしても、お父さんの書斎が優先です。**お父さんが自分の勉強に集中できる空間を**

つくろうということです。

そうやってお父さんがスキルや能力を高め、昇進し、稼ぎ、りっぱになれば、その背中を見せることこそが最大の教育になりますから。だから、**子どもよりお父さんへの投資が最優先**です。

確かに子どもはかわいくて、自分をさしおいても子どもに何かしてやりたい、というのは親の共通の気持ちだと思います。

もちろんそういう価値観を否定するわけではありませんが、「子どもが自分の人生を自分で切り開ける力を養う」という視点から考えると、親が先回りしてあれこれ気を配り過ぎて、子が自分で考えるチャンスを奪うのは逆効果になりかねません。

子どもの教育にお金をかけたいのなら、お父さんの自己投資を削るのではなく、**お父さんが今よりお金を稼げるようになって、家計のパイを増やす**という発想にスイッチするのです。

親と子を区別する

それに、大人には得られても、子には得られないものが多いほうがよいのではないでしょうか。

親と子の違いを明確に区別し、親の豊かな生活を見せることで、子どもは「大人になればあんなものが手に入る」「自分も早く大人になりたい」と思います。私もわりと厳しめの家庭で育ったので、高校を卒業して実家を出るまではカルビや大トロを食べたことがありませんでした（苦笑）。

つまり、子どもをして「早く大人になりたい」と言わしめる大人に私たちがなろうということです。

「小学生がなりたい職業アンケート」では、「会社員」が上位に来るそうですが、それを指して「今の子は夢がない」なんて言ってはいけません。親自身も夢など持っていないでしょう（もっとも、かつてのパイロットになるとかプロ野球選手になるとかいうのが夢としていいのかどうかは疑問ですが）。

家計のやりくりもたいへんかもしれませんが、自己投資は将来自分に戻ってきます。**子どもへの投資の3倍**、自分に投資するようにする。自宅を買う際も、住宅ローンの塊にするのではなく、自分資産の構築につながる書斎をつくるのです。

子どもより、まずは自分にお金をかけよう

子が20歳になったときに仕事でブレイクする準備をしておく

子どもが生まれたら、**20年後に自分の仕事がブレイクするように準備**をしておくことです。

20歳とは、将来の方向性に悩み、壁にぶつかるころです。この年代に親が仕事で活躍しているところを見せることで、子も職業意識が高まり、親を尊敬し、対等な相談相手として認めるようになる期待があるからです。

子どもが将来の職業について真剣に考え始めるころ、親が「大過なく」のんびりしていたり、疲れ切った姿で不平不満を口にしていたり、定年退職を迎えて家でごろごろしていたら、はたしてその姿は子のためになるでしょうか。

もちろん、20年後というのはわかりやすい目安に過ぎず、10年後でも15年後でもかまいません。でも、子が親の仕事に興味を持つときは必ず来るので、そのときに何を見せられるかが大事なのです。

「そんなこと言ったって年齢的にもう定年退職だよ」というのなら、定年と同時に起業の準備をしておきましょう。そのためにも、サラリーマン時代から勉強し人脈やノウハウを積み重ねておく必要があります。

次世代に伝えるべきは、「**自分で自分の人生を切り開く力**」です。子どもが将来、親を超えてこそ、家系の繁栄・発展になるのだと思います。

子は親のがんばりをきちんと見ている

教育費のポートフォリオは適正か？

多くの家庭では家計が苦しくなると、旅行や外食を控え、モノを買わなくなる傾向がありますが、子の教育費だけは最後まで削らないのだそうです。

実際、どのくらい教育費にかけているでしょうか。文部科学省の調査（平成30年度　子供の学習費調査）によると、幼稚園から高校まで15年間にかか

幼稚園3歳から高等学校第3学年までの15年間の学習費総額

	公立	私立
幼稚園	64.9万円	158.4万円
小学校	192.6万円	959.2万円
中学校	146.2万円	421.7万円
高校	137.2万円	290.4万円
合計	540.9万円	1829.7万円

これに大学の進学費用を加えると……

大学	242.5万円	469.7万円
合計	783.4万円	2299.4万円

出所：平成30年度「子供の学習費調査」文部科学省より

る教育費は、前ページ下段のような結果だそうです。

子どもが2人、3人といると、さらに負担は膨らみます。私立の小学校や中学校に入れようとすると、進学塾にかかるお金も増えます。理系私大に進学したり、一人暮らしとなると、もっとかかる計算になります。

教育にはお金がかかるということなのでしょうか、あるいは教育にお金をかける親が多いということなのでしょうか。

自分の話で恐縮ですが、私は中学のとき進路問題で父親と意見が合わず、自力で大学に行かなければならなくなりました。生活費くらいはバイトでもすればまかなえますが、問題は学費です。

そこでどうしたか。そう、奨学金をもらって大学に行けばいいと考えたのです。

金利がかからない日本育英会（現在は独立行政法人日本学生支援機構）の奨学金を借りるには、学校の内申書がよい必要があります。そこで、中学のときには生徒会に立候補し、高校でもとりあえず成績が上位に入るように努力しました。

大学のときはバイト三昧の貧乏学生でしたが、自分の「ゼロ」の状態を知ったことはよい経験になりました。なぜなら、チャレンジして失敗しても、またあのときのゼロの状態からやり直せばいいと思えるからです。

もちろん、これは私個人の偏った経験でしかないですから、それを一般論にするのはちょっと乱暴だとは思います。

でも、いたずらに子の学校教育にお金をかけるのがよいわけではないような気がするのです（もっとも、都市部で私立学校に通わせるのは、子の教育環境を守るため、という側面もあるようですが）。

お金をかけて塾や有名私立校に行かせれば、勉強への集中力がつき、事務処理能力が高まり、ペーパーテストは得意になるでしょう。しかし、**社会に出てお金を稼ぐ能力は、学力とイコールではありません。**

ペーパー試験の結果が通用する世界は、学校かせいぜい資格試験くらいのものです。それに難関国家資格の司法試験だって、公認会計士だって、税理士だって、専門学校代は１００万円ほどあれば足りるでしょう。勉強すれば、学歴や大学のレベルなんて関係なく合格できます。

お金を稼ぐために本当に必要な力とは？

また、学力とは人間の能力全体のほんの一部に過ぎません。実際には、学校で教わらないけれど、人生を切り開くのに必要な能力はたくさんあります。

たとえばコミュニケーション能力。私たちは一人で生きているわけではないし、仕事もチームでやることが多い。それに、本当に重要な情報は人が伝えてくれるし、人から多くの影響を受けます。人格形成の根幹ともいえる能力です。

あるいは、問題解決能力。学校の勉強は、誰かが問題を与えてくれ、正解が存在します。しかし現実社会では、問いを自分で設定しなければならないし、唯一絶対の正解も存在しません。そして、この非連続の社会において絶対的に求められる力こそが、問題解決能力です（詳細は拙著『問題解決力をつける本』〈三笠書房〉参照）。

それから、ファイナンシャル・リテラシー。これがないと、お金の面で苦労します。実際、高学歴で貧乏な人は山ほどいます。

ね、本当に大事なことって、学校では教わらないでしょう？　ならば学校教育ばかりにお金と時間を投下するのも、資源配分の観点から見れば偏り過ぎていると思いませんか。

一生懸命勉強すれば、お金持ちになれるからがんばれと言われても、それを言う親が貧しければ、まるで説得力がありません。子どもだってそれを知っているから、やる気にならないのかもしれません。

こんな笑い話があります。

テレビゲームばかりやっている息子に勉強させようと、父親は偉い人の話をしました。

「太郎。リンカーンって知ってるだろ？　リンカーンがおまえの年のころには、暖炉の明かりで勉強してたんだぞ。それくらい勉強したんだ」

「ふうん。パパ、ボクも言っていい？」

「なんだ？」

「リンカーンはパパの年のころには、アメリカの大統領だったよ」

受験や学校教育を批判しているわけではありません。学資保険や塾代を含めて、**子どもの教育費のポートフォリオが適正かどうか、今一度見直してみましょう**、という提案なのです。

たとえば私の知人の経営者は、「勉強なんて学校でやっていれば十分。学業以外の経験が必要だ」と言って、自分の子を塾には行かせず代わりに音楽を習わせています。

軽井沢にログハウスをつくり、週末は子とアウトドアや農業をやっている知人もいます。きっかけは、自分の子が「大根に葉っぱがあることを知らなかった」「カブトムシは店で買うもの」と言っているのを恐怖に感じたからだそうです。

親が子の教育にかけるお金は、学校教育よりも、**いろいろなことを体験させ、自分の体で感じ、自分の頭で考え、自分の責任で判断し、人の先頭に立って行動する力を養うことにウエイトを置くことではないか**と私は考えています。

さまざまな体験をさせることが、最も投資効率の高い教育

無駄遣いをしてはじめてわかるお金の使い方

多くの成功者が、**「お金の失敗は、若いうちにどんどんしておいたほうがよい」**と言います。それはなぜか。

たくさん失敗すればたくさん学べる。次の判断や行動がより賢くなる。より洗練された結果が出てくる。

だから、無駄遣いをするなら人生の早いうちに徹底的にやって、思い切り後悔する経験をしておいたほうがよい。そのほうが大人になって大ケガをせずに済む。ということだそうです。

たとえば、子どもの小遣いをどう扱うかによって、子のお金に対するリテラシーは変わってくるでしょう。

もちろん正解はありませんが、私の友人（もちろん大富豪）は、次のようなやり方をしているそうです。

彼は、子どもには毎月決まった額の小遣いを渡して、臨時支給や前借りは認めない、というごくごく当たり前の方法をとっています。もちろん子どもは使い過ぎて足りなくなる。そこでどうするか。

家事をメニュー化して、買い物100円、食事の後片付け50円、テストで100点とったら1000円、と手伝いやごほうびを設定しているのです。

「報酬がないと動かなくなるのではないか」という反論があるかもしれませんが、彼曰く、「小遣いの範囲内でやりくりする、という計画性も必要だし、足りないなら収入を増やす発想も必要だ」という考えなのだそうです。

また、小遣い制にしていても、お金が足りないと子どもに泣きつかれて、つい余計に渡してしまったり、おじいさんやおばあさんから臨時ボーナスが支給されたりするような状況、いわゆるシックスポケット（少子化の影響で、一人っ子には、両親と両方の祖父母6人からお金がもらえる）状態だと、「ねだればもらえる」と考えてしまい、お金のリテラシーが養われません。

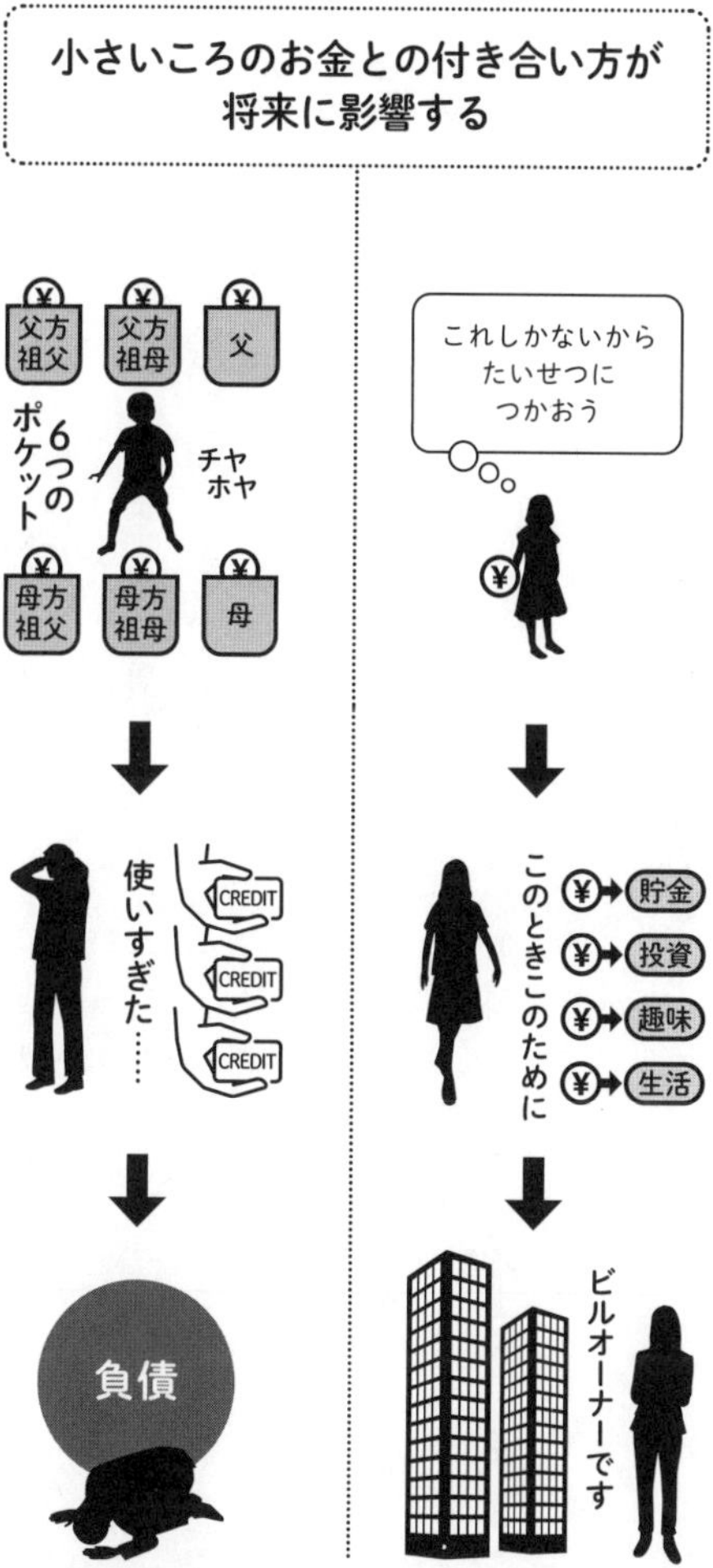

小遣い制ではなく、子どもが何か欲しがると、その都度お金を与えるという家庭もあります。

むろん子の個性にもよりますが、言われるがままにお金を渡していては、欲しいものを順位付けして計画的に使う、というお金に対するこらえ性が身につかないかもしれません。

そういう家庭には、「都度プレゼン制」をお勧めします。子どもに「何に使うのか、なぜ何のためにそれを買うのか」を説明させるのです。すると子は、自分なりに欲しいものが必要な理由を考えます。

これは衝動買いへの抑止力となりますし、賢いお金の使い方を考える土台になるでしょう。

節約ばかりを強要するのはかえってマイナス

また、**子に節約ばかりを強要するのは、お金のリテラシーを考えるとマイナス**だというのが私の考えです。お金の使い方は、実際にお金を使うことでしか身につかないからです。

大人の目から見れば無駄な買い物であっても、子どもが自分の小遣いと相談しながらこれを買うと決めたのなら、その決断は尊重してあげるのです。子どもの小遣いは親からしてみれば微々たるものですから、その無駄は教育費として考える。

その代わり、本人が後悔したとしても、それは自己責任ですから親は手を差し伸べない。そうやって**子どもながらに無駄遣いの痛みを経験させます。**そういう経験が大人になって生きる。子どものころに無駄遣いの経験がないと、大人になってから無駄遣いをするのです。

それに、子どもであっても、何か目的があり、本当に欲しいと思えば自発的に貯金するものです。半年後にゲームソフトを買うために、日々のお菓子を我慢するような経験こそが、**大人になってから、突発的な欲望をコントロールする訓練になる**からです。

計画的にお金を使う環境を与え、なくなったら使いすぎたと認識させること。欲しいものがあったら、次はこうしようと自分なりに考えさせることが大切です。

もちろん無駄かどうかは使ってみないとわからないこともあります。価値観やライフスタイルが変われば、無駄に思えることも変わってきます。大切なのは、**それを見極め

られる判断力や思考力を養えるように親が導くことです。

欲しいからすぐ買う。今はお金がないからカードで買う。キャッシングをする。身の丈以上の住宅ローンを組んで苦しんだり、カードを使いすぎて自己破産したりするような人たちは、子どものころ、この手の訓練ができていなかったのではないでしょうか。

子どもの投資教育は不要

その一方で、子どものファイナンシャル教育と称して、株式会社の仕組みを教えたり、投資のシミュレーションをさせたりすることが、証券会社主導でおこなわれています。しかし、こんなことが本当に必要なのでしょうか。

そんなことよりも、**自分の納得いくお金の使い方を体で覚えることが先決**だと思います。これができないうちは、いくら投資の勉強をしても、お金の苦労からは自由になれません。投資で増えても、結局浪費してしまうからです。

普段は浪費と縁がない堅実な人でも、人生で何度かは、車やマンションといった大きな買い物をする機会があります。そのとき、倹約ばかりで大きなお金を使ったことがなければ、思わぬところで足をすくわれます。

実際、ガソリン価格が1円でも安いスタンドを血眼《ちまなこ》になって探す一方で、数千万円の自宅マンションを好みだけで選び、資産価値が半分になったのを知って愕然とする人は数多くいます（もちろんマイホームですから、満足できていればそれでよいともいえるのですが）。

貧困が連鎖する理由

「高学歴なお金持ちは、子どもにもお金をかけて高等教育を受けさせることができる。しかしお金のない世帯は子に高等教育を受けさせられない。結局、親の収入格差が子の学歴格差を生み、所得格差が世代を超えて固定化される。だから所得格差は是正すべきだ」という議論があります。

しかし少なくとも、私の周りの成功者を見ると、そんな論調はデタラメだと感じます。

親の資産や学歴、教育費ではなく、親が子に見せる姿、たとえば「ウチにはお金がないから我慢しなさい」「無駄遣いしないで貯めなさい」「浪費癖がつかないように小遣いはあげない」……。**親のそういう貧乏な思考習慣、行動習慣が、子に遺伝している**と考えられます。

それを受け継いだ子は、思考も行動も貧乏だから、やはり貧乏から抜け出せない。つまり、学校教育によって階層や格差が固定されるのではなく、親の考えや、親が子にかける言葉によって固定されるのです。

望ましくないインターネットサイトを見せないために、フィルタリングソフトで遮断する方法があります。

しかし、本当に重要なのは、そういうサイトを見ても、判断や行動がブレない教育をすることではないでしょうか。逃げるのではなく正面突破できる力を養うことのはず。

しかしそうした努力を面倒くさがり、放棄する親は、ただ遠ざけるのみです。

なぜなら、考えなくていいからです。考えることから逃げる親の背中を見て育った子が、自分の頭で考えようとするでしょうか。

無駄遣いこそ最良の投資教育

第6章

お金が集まる人の習慣を自分のものにしよう

お金という道具を自在に操る

私たちは自給自足の生活をしていない限り、経済というシステムの中に組み込まれて生きています。そこでものを言うのはやはりお金です。

「お金だけじゃむなしい」なんて言う人に限って、たいしてお金を持っていないし、気前よく使うこともできないものです。なぜなら、そんなことを平気で口にする人は、とても傲慢だからです。

本当の貧困を知らないから言える。仕事に就くこと、お金を稼ぐことのたいへんさを知らないから言える。お金で苦労している人への想像力が欠如しているから言える。

私は家賃月3000円のフロなしトイレ共同アパートで暮らしていたとき、お金がない不自由さを知りました。新卒のときに就職できずフリーターをしていたころ、仕事に就いて稼げることのありがたみを知りました。

西原理恵子さんの『この世でいちばん大事な「カネ」の話』（理論社／ＫＡＤＫＡＷＡ・角川文庫）には、著者自身の壮絶な過去と、お金が原因で一家離散した同級生など、お金がないことの本当の苦労、人間の心が錆びていく様子が生々しく語られています。

本書を読んだあとでは、「お金だけじゃむなしい」なんて言葉はとてもロにできません。

そして西原さんもやはり『お金じゃない。人の心の豊かさ』なんて言い切ってしまうことが、どれだけ傲慢なことか。『いかにも正しそうなこと』の刷り込みが、どれだけ事実に対して目をつぶらせ、人を無知にさせるのか」と主張しています。

お金は単なる道具ですが、非常に強力な道具です。もちろん、お金では買えないものもあります。たとえばイチローや大谷翔平選手のような才能は買えないし、小学校時代からやり直したいと思っても過去は買うことができません。

しかし、お金があれば、日常生活で起こる問題のほとんどは解決できます。

人の心はお金では買えない、と言われますが、お金で人格が変わる人を私は大勢見てきました。自分の懐が痛まないことはまったく無関心なのに、自分のお金が減るとなると、猛然と騒ぎ出す。世の中の犯罪の多くもお金がらみですから、人の心はお金に支配されやすいのでしょう。

私が最も大きな損失を出したのは、金融商品やビジネスなどではなく、人に対する投資です。

私は今まで何千万円も人に投資してきましたが、信じて投資した人が、お金で自己中心的になり、お金で醜態をさらす姿を数多く見てきました。私にはまだ人を見る目が備わっていないということです。

その結果、貸し借りや出資ではなく、「あげる」と思える人に投資すべきだと考えるようになりました。

あえてお金を手放してみる

お金は道具と言いましたが、道具であるがゆえに**使わなければ意味がありません。**

どんなに素晴らしい包丁を持っていても、使わなければ料理の腕は上がりません。家族に料理を振る舞うこともできません。ただ包丁を持っているだけでは、何も変化は起こらない。

同様にお金を貯め込んでも、自分にも社会にも何も変化を与えない。単にお金を持っているだけです。自分も成長しないし他人からも感謝されない。

虎の子のお金を手放すのは誰でも躊躇します。しかし、作家のアレクサンダー・ロックハートが言うように、「勇気がある人というのは、恐怖心を抱いていないのではなく、恐怖心を抱きながらもなお行動する度胸がある」ということなのでしょう。そして勇気をもって手放せば、今まで述べてきた通り、いろんな変化が起こります。

ならば手放してみませんか？

それに、手元からお金を手放すことで、お金を失う痛みがわかります。お金を失い、お金がない状態にさらされることで、自分の「**お金耐性**」がわかります。お金に振り回されない強い心が養われます。

あなたの「お金耐性」はどれくらいですか？

収入格差はモラル格差

お金持ちは性格が悪く、お金に汚い。清貧という言葉が示す通り、貧乏人はつつましく、他人と仲良く暮らす。そんなイメージがありませんか?

現実は逆です。お金持ちの人ほど謙虚で礼儀正しく、貧乏な人ほど横柄でお金に汚い。むろんあくまで一般的にですから例外はありますが、犯罪を犯すお金持ちと、犯罪を犯す貧乏人とでは、どちらの割合が高いかわかりますよね。

これは、よく考えれば至極当たり前のことです。謙虚で人を思いやる、人の役に立とうとする。そういう人格だからこそ、彼らの周りには人が集まってくるし、人が集まれば有益な情報も集まってきます。

それに、誰だって傲慢で傍若無人な振る舞いをする人と付き合いたいとは思いませんから、**結果的に自己中心的な性格の人ほど、人が離れ情報も入らず、お金と縁遠くなってしまいます。**

だからこそ、私たちは意識して品性を保とうと努力する必要があります。

お金にうるさい人とは付き合うな

採用面接で、「教育研修制度はあるのか」と聞く人がいます。いい年をして、会社のお金でないと勉強できないのでしょうか。

経費精算の金額が1円合わなかっただけで文句を言う人がいます。その1円の文句を言うことで、自分の品位を落としていることに気がつかないのでしょうか。

報酬はいくら欲しいとか、いつ振り込んでくれるのかとか、そういうことに妙にうるさい人もいます。こういう人に限って、自分で思っているほどにはたいした仕事をやっていないものです。なぜなら、そうした言動をするのは、自信や心の余裕がないことの表れだからです。

そういう自分の権利を主張することに固執し、細かいことをうるさく言う人に、次もこの人に何か頼もうという気持ちにはなかなかならないものです。

第2章で述べた自己投資は、買ったあとは値上がりするのを祈るだけの金融商品とは違って、リスクもリターンも自分でコントロールできます。

言い方を変えれば、自己投資は、かけた金額をドブに捨てるのも、お金に換えるのも、すべて自分次第だということ。

つまり謙虚さや思いやりを失えば、どんなにりっぱな学歴や資格を持っていても、全額を無駄にしてしまうのです。

書店のビジネス書コーナーや自己啓発書コーナーに行くと、多くのビジネスパーソンとおぼしき人が本を探しています。そんな中、自分の荷物を平積みの本の上に置いて立ち読みしている人がいます。あるいは、棚差しの本を元の位置に返さず、他の本の上に放り投げて行ってしまう人もいます。

こういう人は、そもそもビジネススキルを学んでもまったく意味がないことに気がついていません。

自己投資にかけた金額をリターンとして享受できるか、あるいは全部パーにしてしまうかは、**品性の獲得に意識を振り向けられるかどうか**にかかっていると言っても過言ではありません。

貧乏人は自らの品性のなさを露呈して、自分で自分を貧乏な世界に追いやっている。「類は友を呼ぶ」ということわざを持ち出すまでもなく、同じような人が集まるようになるものです。だからそんな人からは一目散に逃げ出し、**品性の高い人と付き合いましょう。**

自然とお金が寄ってくる品性の高い人と付き合おう

好奇心に蓋をしない

成功している人は、お金の有無を制約条件にはしません。これは特にもともとお金持ちだった人ではなく、ニューリッチといわれるような一代で財を築き上げた人によく見られる傾向です。**彼らは、お金がないからといってあきらめたり、夢のスケールを小さくしたりはしない**のです。

お金が足りなければ稼げばいい、あるいはどこかから調達してくれればいい、というのが彼らに共通した発想です。

そして、普段からそうやって大きく発想する思考体系があるからこそ、欲しいものややりたいことに蓋をしない。

アグレッシブに行動するので、人やお金がついてきて、帳尻が合うのです。本当に不思議ですが、彼らはなんとかしてしまうのです。

また、そういう経験を何度もしてきているので、自分は絶対にやり遂げられるという自信というか、確信に近いものを持っているのも大きいのだと思います。

私たちはどうしても「収入の範囲内で生活する」「分相応の暮らしをする」というように、自分のレベルを自分で勝手に決めようとします。

たまに「やりたいことがない」「そういうのに興味がない」という人がいますが、これは危険な兆候です。好奇心や欲望が弱いと、お金が稼げるようにはなりません。

なぜなら、そのための行動力が薄れ、付き合いの幅もビジネスチャンスも広がらないからです。好奇心が弱いと変化を好まなくなり、毎日同じ人と同じような会話しかしないので、新しい情報も入らず、次第に世界が固定されてしまいます。

小さくまとまらず、つねに大きな野望を持つ

欲望や好奇心の大きさと収入の多さは、私の周りの成功者を見ると、比例しているのではないかと感じます。もっと欲望に素直になる、それも小さな欲望ではなく、大きな欲望を持つようにしましょう。

成功するためには小さくまとまらない

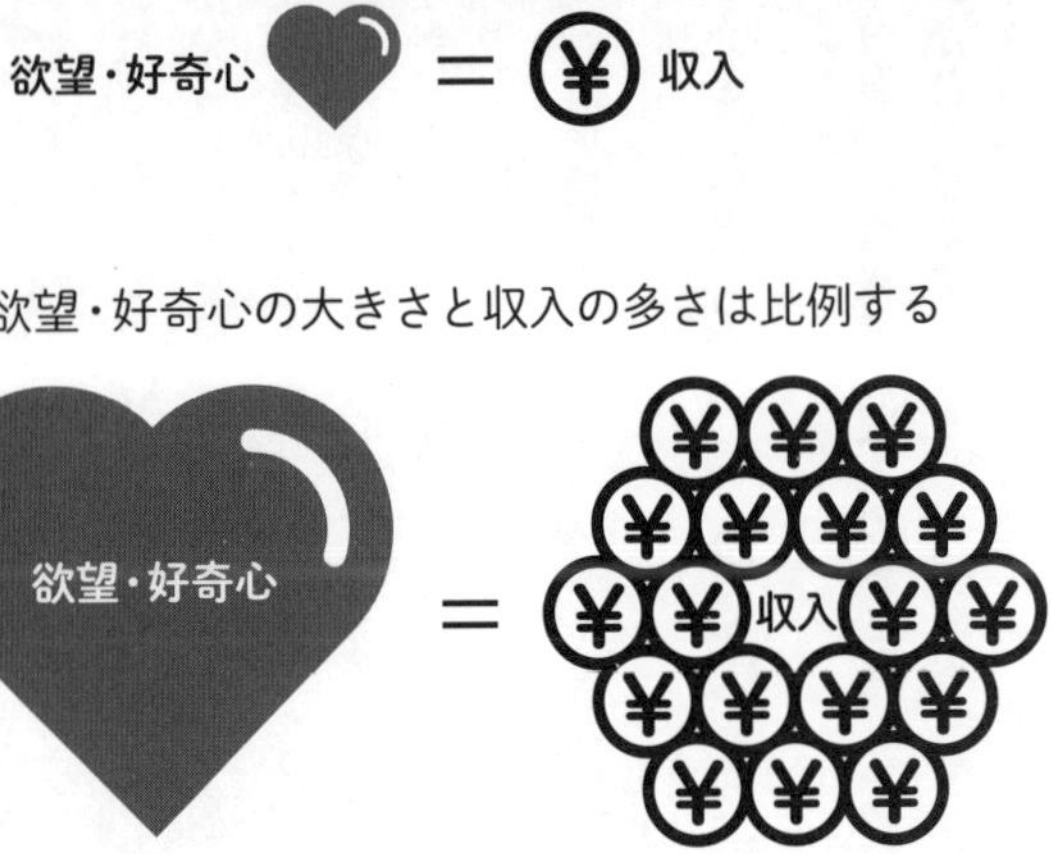

「お金がないから燃費のよいコンパクトカーでいい」なんて小さくまとまるのではなく、「ガソリンを垂れ流しながら走るメルセデスＡＭＧ ＳＬが欲しい！」と考えてみましょう。１５０万円のクルマで満足しようと自らの欲求を小さくするのではなく、２５００万円のクルマをターゲットにする。

家も同じ。「３０００万円のマンションで十分」と小さなスケールで満足しようと無理矢理自分を納得させるのではなく、「今はこんな安アパートに住んでいるけれど、絶対に億ションに住んでやる」

と考える。

小さくまとまらない。小さい自分で満足しない。小さな自分の世界で満足するよう、自分を押し込めない。

大きく発想する。大きく欲する。自分が目にしたことのない世界を見ようとしてみる。そうやって自分の世界を広げるのです。

好奇心の大きさと収入は比例する

感動と好奇心にお金を使う

ちょっと思い出してみてください。

この1年間で、何回、「すっげーっ！」と叫びましたか？

この1年間で、何回、感動で涙を流しましたか？

私も同じ質問を投げかけられると、「う～ん」と唸ってしまいます。大人になると、感動体験がぐっと少なくなります。

これは、大人になればなるほど経験値が増え、それによって予測可能なものが増えていくために、意外なものに出会う機会が減っているからともいえます。

感動は魂のごちそうともいわれ、脳に最も刺激を与えるのだそうです。

それが脳を活性化させ、新しいアイデアやスケールの大きな発想につながるのであれば、感動をもたらしてくれるものにお金を使おうと意識してみたいものです。

感動体験を得やすい方法のひとつは**旅行**です。友人の経営コンサルタントが、「人間の幅を広げるものは3つある。人と会うこと。本を読むこと。旅をすることだ」と教えてくれました。

職住近接は、忙しいビジネスパーソンにとって、時間の面ではメリットがありますが、逆に行動範囲が狭まり、刺激が少なくなる場合もあります。

最近、六本木から自由が丘に引っ越した経営者の知人がいたのですが、その理由を聞くと、「家も会社も買い物も飲みに行くのも徒歩圏内だから、ここだけで生活が完結しちゃうんだよね。そうすると、六本木から出なくなって刺激がなくなるんだ」とこぼしていました。

私は子どものころ、電車も通っていない瀬戸内海沿いの田舎に住んでいたので、市内に買い物に出かけるのは、1日がかりの一大イベントでした。

前の日からもうワクワクで、デパートに着くと、真っ先におもちゃ売り場に行く。レストランでお子様ランチを食べる。記念に小さな日の丸の旗を持って帰る。家に帰ったあとも興奮が冷めず、「あのおもちゃ欲しいな」「また行きたいな」と子ども心に感じたものです。

しかし、大人になると、環境に慣れ、環境に自分を合わせていく術を身につけます。それは反面、欲求を抑え込むことにもなりかねません。そこで意図的に、非日常の世界へ旅をして脳に刺激を与えるのです。

百聞は一見に如かず

私自身も、20代で上海に行ったときと、30代で行ったときの街のダイナミズムの変化には驚きました。そして、再開発で先進のオフィスビルが建設されている隣のブロックは昔ながらのレンガ街という、新旧併せ持つ進化の過程に成長性を感じました。

ニュージーランドに行ったときは、日本では絶対に見られない大自然のパノラマ風景に触れ、世界の広さと地球の奥深さに感動しました。さすがは映画『ロード・オブ・ザ・リング』のロケがおこなわれた地だと感じました。

ロサンゼルスの海岸沿いを旅したときは、大らかに迎えてくれる大富豪の人たちのオープンマインドに感激し、努力し成功した人を讃える精神が根づいているんだなあと実感しました。日本では嫉妬の対象となり、批判されがちなのとは対照的です。

歴史が異なる都市に触れる。今まで見たことのない大自然に触れる。文化や価値観の異なる人に触れる。この体験は、**自分の思考の枠組みを広げてくれます。**

たとえば、アラブの「一夫多妻制」についてどう思うでしょうか？「けしからん！」「道徳的にどうなのか」と感じるかもしれません。

しかしアラブ地域は東西を結ぶ交通の要所として、原油の産地として、あるいは宗教紛争などもあり、絶えず戦禍に見舞われてきました。今もそうですよね。

そうすると、戦争で多くの男性が犠牲になるため、アラブではつねに男性が不足してしまうという状況になります。そこで一人の男性が多数の女性と結婚し、より多くの子を持つ方法をとるのは、種族の維持繁栄を優先させれば合理的な考え方と言うこともできます。

「一夫多妻制」の話を聞いて批判する人は、自分の立場でしかものが見えていないということです。でも、中東に行って話をしたり、アラブの人たちと交流したりすることによって、独りよがりではないさまざまな視点が養われるのです。

特に海外旅行をして未知のものに遭遇し、異質なものに触れると、改めて自分たちの世界や価値観と比較させられます。普段何気なく常識と考えていたことを疑い、気づきを得て、そこから仮説を立てることができます。

「ラ・ボエム」「ゼスト」などを運営するグローバルダイニングの創業者である長谷川耕造さんが、ヨーロッパを放浪し、飲食店への発想を広げたように。

旅行は
最高の刺激の手段

大人のおもちゃを買う

好奇心を刺激する方法としては、大人なりのおもちゃを欲しがり、そして実際に買ってみることです。

大人のおもちゃといっても、夜の道具じゃなく（いや、それも重要かもしれませんが（笑））、ここでいうおもちゃは、**もっと上を目指そうとする欲求を刺激するもの**です。

お金持ちが、時計やクルマ、絵画や別荘を買う類いのものです。時計も数千円から数千万円、クルマも数十万円から数億円、マンションも数百万円から数十億円とピンキリです。

最低・最小・最安値のもので満足しようと自分の欲を押し殺すのが普通の人。それでは向上心は刺激されません。自分の向上心に火をつける触媒になるなら、少々無理してでも、思い切って最高・最大・最高値のものを買ってみる。

私も高級スーツを着ると、立ち居振る舞いに落ち着きが出ます。レクサスのハンドルを握ると、乱暴な運転は品がないのでできなくなります。

確かに値段は高いのですが、私にとってはもっと上を目指す原動力となる、重要なおもちゃなのです。

ハングリー精神に火をつける

もちろん、反対の人もいます。あえてボロアパートに住むことで、自分のハングリー精神に火をつける人、あえてボロ車に乗り、その恥ずかしさを原動力にして努力する人。

ちょっと古いのですが、ウィル・スミス親子が共演した『幸せのちから』という映画があります。

ウィル・スミス演じるクリスが、妻に逃げられ、家賃も払えず家を追い出され、最愛の一人息子を連れ、ホームレス生活を強いられます。

成長願望を刺激するおもちゃを
オトナ買い

それでも証券会社の研修生を経て、研修生からただ一人しか選ばれない正社員になり成功を手にするという、いわゆるアメリカン・ドリームを描いた映画です。
どん底のクリスを支えたのは、最愛の息子クリストファーへの想いと、絶対成功してやるという強い信念でした。

私にはここまでのエネルギーはありませんが、お金を使わない日が続くと、自分の「成長願望」を抑圧されるような気分になります。
だからこそ、**自分の成長願望を膨らませるようなおもちゃを探し、それこそ「オトナ買い」してみましょう。**

成功へとつながるおもちゃを
「オトナ買い」

お金持ちはなぜベンツをローンで買うのか？

先日、知人と飲んでいるとき、「お金持ちはベンツをローンで買う」ということを聞きました。

なぜかというと、彼らはローンの金利を上回る利回りで自分のお金を運用できるからです。仮にローンの金利が3％だとしても、10％で運用できるなら、自分のお金をわざわざ崩して全額キャッシュで買うのは無駄だというわけです。

こんな話を聞くと、**やはりお金を持っていることと、お金をうまく使うことは別物**であるということがわかります。

もちろん「クルマはローンで買え」と言っているわけではありません。

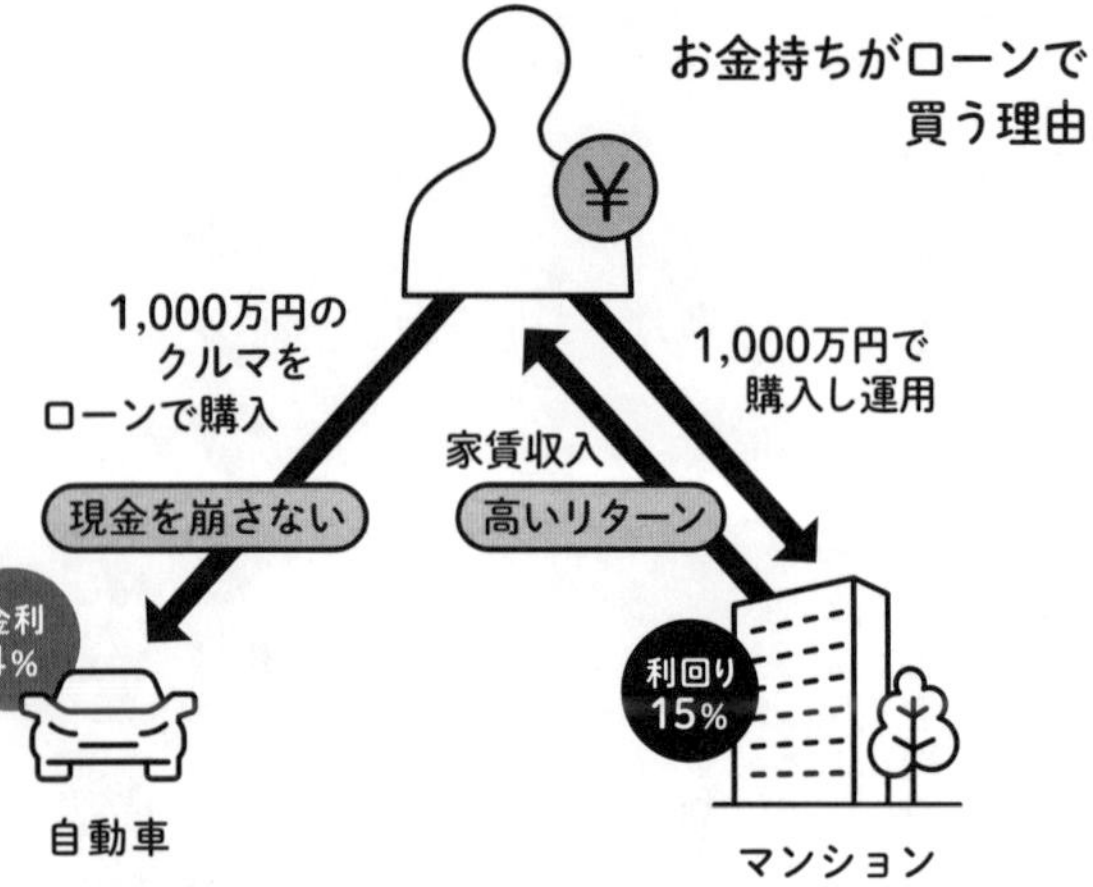

ローンの金利以上で運用できない人は、現金をクルマの姿に変え、その金利支払いを逃れるほうが得策です。

しかし、ビジネスや投資でローンの金利以上の利回りを叩き出せる人は、自己資金をクルマなんかに回すのはもったいない使い方であるということです。

これは不動産でも同じ考えが当てはまります。住宅ローン金利の、たとえば年利2%以上で運用できるのであれば、現金で自宅を買うよりもローンを組んで買い、自己資金はより高利の運用で回す。ただし、30年という長期にわたって2%以上の運用を実現し続けられるか、という問題は残りますが……。

私の場合は賃貸用不動産です。全額現金で買うのではなく（ただ単に資金が足りないという理由もありますが）、銀行からお金を借りて、アパートやマンションを買います。家賃収入からローン返済と経費の支払いを引いた残りが自分の手取り分です。投下した自己資金に対する利回りは20％以上で運用できています。

そして返済が終われば手取り収入はぐっと増えるし、その不動産もまるまる自分のものですから、いくらで売却してもよい。

お金を持っていても、うまく使うことができなければ、すぐに減ってなくなってしまう。お金をあまり持っていなくても、うまく使うことができれば、増やしていける。自分のお金を何にどうやって使えば、最も資金効率が高まるのか。それが運ではなく再現性のある技術として実現できるのか。そう考えれば、**ローンで買うほうが得な場合もある**のです。

ローンとキャッシュ、どちらで買うのがお得ですか？

見た目に投資する

ヨレヨレスーツを着た経営コンサルタントに、コンサルティングの仕事を依頼したいと思うでしょうか。儲かってなさそうな人に、仕事を発注したいと思うでしょうか。落ちぶれ気味の人に近づきたいとは誰も思いません。

だから、**たとえお金がなくても、持っていそうな演出をすること、儲かっているという印象を与えられる工夫をすることも大事**です。「人間は中身が大事」といわれながらも、やはり人の印象は見た目で相当左右されますから。

私の知人で不動産会社の社長は、最近ベンツのSクラスを新車で買いました。もちろん昨今の不動産不況で懐具合は寂しい。しかし、「不景気」「ケチ」「落ち目」という印象を与えると、仕事が回ってこないのだそうです。

「仕事は忙しい人に頼め」といわれるように、「忙しく儲かっていそうな会社」に仕事が回ってきますから、あえて羽振りよく見せる。

そうやって彼は20億円のオフィスビル仲介条件をものにしましたから、1500万円のベンツ代は回収して余りあるといったところです。

以前、先輩経営者からこういう話を聞きました。

「私は数多くの成功者を見てきた。高級スーツを着る人は、徐々にそのスーツにふさわしい人間となり、ますます成功する。

しかし、スーツへの投資をケチって、吊るしのスーツをヨレヨレの状態で着ている人は、まず成功しない。

生地はもちろん、スーツの襟の形、ボタンのつけ方まで、わかる人には一目で違いがわかる。こだわっている人のスーツは、一見地味でも、コイツはやるな、と思わせるものだ。

奇抜な格好をすることが個性ではない。同じ環境の中で、いかにキラリと光を見せられるかが個性なのだ」

ヤクザがすごいのは、このあたりをよくわかっていることです。たとえば、彼らは「礼服」にお金をかけるそうです。

葬式や披露宴などで着る礼服は全員「黒」ですから、何でも同じだろう、と考えるのは普通のサラリーマン。

しかし彼らは、同じ色だからこそ、そこでいかに目立つかを考えます。つまり、「生地」「仕立て」「裏地」「ボタン」にこだわるのだそうです。

それを聞いて私も早速、イタリア直輸入の生地を使ったオーダーメイドスーツを何着か注文しました（単純ですね）。

ビジネスマンがみんな同じスーツを着るからこそ、「生地」「仕立て」「裏地」「ボタン」にこだわってみました。

すると、不思議なことが起こりました。着ると気持ちが引き締まり、気持ちに余裕が出てきたのです。

商談でも堂々と条件交渉ができる。パーティーでも余裕のある立ち居振る舞いになる。

お店に行っても、他の客より扱いが丁寧。

そういえば以前、健康食品の通販会社で、見た目はまったく関係ないはずの電話受付の担当者に白衣を着せたところ、説得力のある対応になって購買率が上がったという話を聞いたことがありますが、服装にはなりきり効果があるのかもしれません。

小物にお金をかける

スーツにお金をかけなくても、**小物にお金をかけることによって、見た目の演出をすることができます。**

先日も、あるインターネットマーケティング会社の社長とホテルのラウンジで打ち合わせしていたときのこと。

袖口から覗いている時計はハリー・ウィンストン。手元にはウォーターマンの万年筆。スーツは普通で派手さはありませんが、この2つの小物がチラリと見えるだけで、「デキるビジネスマン」という印象が漂います。

六本木のバーで飲んでいたとき、隣のテーブルにいかつい集団が座っていました。見るからにヤクザで、その中でリーダー格とおぼしき人物は、なんと上下スウェットスーツというカジュアルな出で立ち。

しかし、袖口から覗くロレックス、取り出した財布はカルティエ。いかにも「お金を持っていそう」なオーラです。ここでも、やはりヤクザは見せ方をわかっているのでしょう。

もちろん全身ブランドだらけとか、誰もが持っている有名ブランドだと、ミーハー感が出てしまい、逆にブランドに振り回されている印象になってしまいます。

しかし、文房具、カバン、カードケース（名刺入れ）、財布、靴、メガネといったちょっとした小物に高級品を取り入れると、不思議とこだわりとセンスを醸し出すことができます。

私自身はブランド品には興味がなく、時計をする習慣もありません（体に異物がくっついているのは落ち着かないのです）。筆記用具は、実用を重んじた3色ボールペン。カバンはモノが瞬時に取り出せるようマルチポケットで、本やノートパソコンなどいろいろ持ち歩けるように軽量タイプ。いつ雨が降ってもいいように軽量折りたたみ傘を忍ばせていて、防水加工もしてある。つまり私の小物にはセンスがない。

そこで、名刺入れとキーケースを高級品にしてみましたが、小物についての勉強はまだまだ足りないようです……。

ブランド品で見た目の演出を

住む場所に投資する

私は高校を卒業してからずっと、住まいは賃貸です。その間に支払った家賃総額は、数千万円になります。

そこで、よく人からは「家賃がもったいないですから、家を買ったほうがいいんじゃないですか」と言われることがあります。

でも私は、**住む場所は変えるもの**だと思っています。ライフステージの変化、たとえば家族が増えたり減ったり、仕事の場所や種類が変わったりすれば、それに合わせて変えるのが合理的だと思っています。

確かに住居費という面から見ると、家を買ったほうが安いかもしれません。でも、私

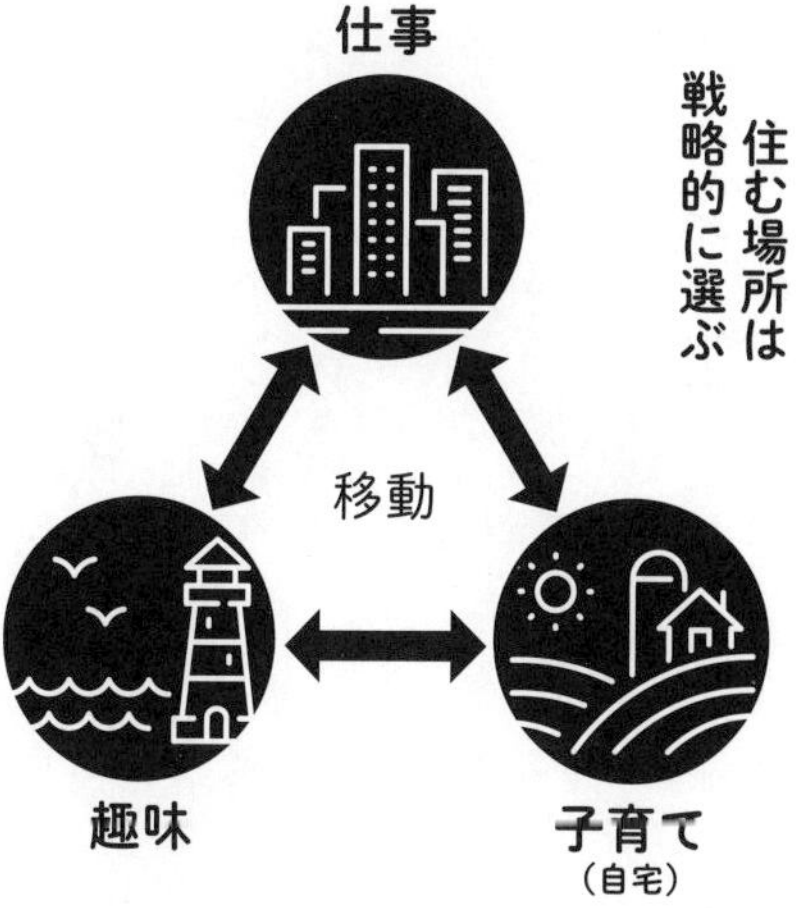

は場所を固定化されたくはない。

環境が人をつくる、とはよくいわれますが、住む場所も同じ。郊外の自然が多い場所に住めば、空気のおいしい大自然の中で気持ちが安らぐ。都心のマンションに住めば、職住近接で時間の節約になり、仕事モード全開になる。

つまり、**移動することによって、自分の経済活動や生活スタイルを最適化する**という発想です。

実際、アメリカでは、移動は「その人が何かを成し遂げようとする意志を表す」といわれ、移動する人は収入が高い傾向があるそうです。

それに、**新しい発想を呼び込むためにも、住む場所を変えるのは手っ取り早く効果的な方法**です。

同じ場所に住み続けると、脳への刺激が薄くなります。いつもと同じ電車、いつもと同じ車両、いつもと同じ帰り道、いつも寄るコンビニ、いつも見る商店街、その角を曲がると自分の家。部屋に入ると手探りで電気のスイッチがつけられる。

これでは脳への刺激がなくなり、発想もワンパターンになってしまいそうです（これは私の勝手な思い込みかもしれませんが）。

しかし、新しいところに引っ越して周辺を散策すれば、新しい店や施設が発見できる。すると自分の部屋に戻っても、新鮮味で脳が刺激され、発想のパターンも変わります。

旅行が脳に刺激を与えると言いましたが、普段の生活でも積極的に新しいことや未体験のことを取り入れることで、脳に新しい血が流れます。

作家が頻繁に部屋の模様替えをしたり、失恋した人が引っ越したりするのも、気分転換で新しい世界を求める気持ちの表れなのでしょう。

自分のレベルを上げるために住環境を選択する

私が都心のホテルに泊まったり、自宅とは別に書斎部屋を構えたりするのも、そのあたりに理由があります。ホテルも渋谷・赤坂・新宿など場所を変えていますし、書斎部屋も数か月ごとに移動しています。

書斎部屋を選ぶ条件も、駅から5分以内、近くに早朝から深夜までやっているカフェがあることで決めています。

引っ越しに時間をとられないように、荷物は最小限、1時間で荷造りができる工夫をしています。もちろん余分にお金がかかりますが、その出費を上回るリターンを得ようという強制力が働きます。

私の知人の経営者で、六本木に居を構えている人がいます。家賃が月90万円、駐車場も月6万円ですから、毎月100万円くらいかかっているそうです。でも彼は平然としています。

彼曰く、「確かにこんな高い家賃は正直言って楽じゃない。でもそうやって無理すると、それにふさわしい自分になろうとがんばれるんだ。逆に郊外の安いアパートに住んでしまうと、自分はこんなものでいい、と満足してしまって上を目指さなくなる。上昇志向をなくしたら、経営者として終わりだからね。そうやって自分のレベルを上げるための、強制的な仕組みづくりなんだよ」

なるほど、そういう発想もあるのだと感心しました。

子どもがいる家庭ではなかなか難しいかもしれませんが、**戦略的に住環境を選択するということは、自分のセルフイメージを高めたり、発想を変えたりするには大切なことではないでしょうか。**

戦略的に住環境を選択しよう

行きつけの居酒屋で2万円の飲み代を使うとします。その際、金曜の混んでいるときに行くより、月曜の空いているときに行くほうが喜んでもらえる、という理屈はわかりますよね。同じ理屈で、どうせ行くなら開店と同時に入るか、客が一回転した21～22時くらいに入るほうが喜ばれます。

つまり、**自分が使いたいときに使うよりも、相手の望むときにお金を使う心配りが必要**だということです。それができれば、使うお金の金額が小さくても、大喜びしてもらえます。逆にそこを間違うと、せっかく大金を投じても、あまり喜んでもらえないことにもなりかねません。

お金のKY

では、お金のKY（＝空気が読めない）にならないようにするにはどうすればいいか？

当たり前の話ですが、「**相手の立場で考えて行動する**」「**自分がされたらうれしい行動をする**」ということです。

先の居酒屋の例でいえば、店主としては暇な時間帯に来てもらえればうれしいし、従業員を遊ばせずに済む。

零細企業や個人事業主との取引であれば、請求書を発行してすぐに支払ってくれるとうれしい。

支払期日に遅れると、相手は不安になります。同じ金額を支払っても、早めに払うか遅れて払うかで、生き金にも死に金にもなります。

遅れたらちょっとだけ色をつける。宅配便も、先方から着払いを言われたら、あえて元払いで経費をこちら持ちにする。

お金にきれいも汚いもありませんが、それを使う人によって色がつきます。お金がからむと、人間性がはっきり出ます。意識してきれいな使い方をしたいですね。

相手のことを考えてお金を使おう

お金は感謝の印

お金儲けという言葉に、どこかネガティブなイメージを持っている人は少なくないと思います。

しかし、成功している人にはそういうものは一切ありません。それは、お金を儲けるというのは尊い行為であることを知っているからです。

お金儲けの原理原則は、**「価値を提供し、相手に喜んでもらって、お礼として対価をいただく」**ことです。

だから、相手にたくさん喜んでもらえれば、たくさんのお金が入ってきます。つまりお金とは、人の「ありがとう」の積み重ねなのです。

この原理原則さえ忘れなければ、堂々とお金儲けをすればいいし、お金儲けを宣言すればいいと思います。

拝金主義でも別にいいじゃないですか。だってその源泉は、相手からの「ありがとう」ですから。

逆にいうと、**相手に喜んでもらうことができない人や企業のところには、お金が集まらない。つまり儲からない人は、相手に喜んでもらっていないだけ**、ということです。

なかには、成果が出なくても「契約ですから」と平然と代金を要求する人や会社もありますが、こんなやり方をする人と比べれば、拝金主義のほうがよほど健全でわかりやすいと思います。

お金儲けを安易に批判する人は、価値を提供し人に喜んでもらう自信がない人なのでしょう。

「ありがとう」の積み重ねがお金を呼び寄せる

お金の多さで価値観がゆらがない

お金持ちは貧乏旅行も豪遊旅行も同じように楽しむことができます。吉野家の牛丼も高級料亭も楽しめます。ユニクロを好んで着る一方で、イタリア生地の高級スーツを着こなし、ロイヤルコペンハーゲンの食器で来客をもてなす一方で、100円ショップの達人でもあります。

彼らは、値段が高いか安いかではなく、自分の価値観で判断するし、自分の判断に自信があるから、周りの目を気にすることがありません。

私たちの日常に目を転じると、お金に支配されていない人は、転職するときに給与が下がっても、それがやりたいことなら気にせず転職できます。

けれどもお金に支配されている人は、「この歳でこんな金額では働けない」と欲を出すから再就職できないのがわからないのです。

お金に支配されないようにするには、**お金がない状態を楽しめるかどうか**です。たとえば、次ページの質問に、いくつ「イエス」と答えられますか。

一時的にお金がなくなっても、収入が減っても、焦ることもなく、心配することもなく、「また稼げばいいさ」と構えていられる人は、お金のプレッシャーに負けません。

貧乏を楽しめる人、生活の損益分岐点を下げられる人は、お金に支配されることはないのです。

お金に嫌われないために

お金儲けやお金の話をすると、決まって「愛情に囲まれた人生のほうが大事」と、どこからともなく愛の話にすり替える人がいます。

けれども、お金と愛が対立概念というのはおかしいですよね。それに、お金とは人の

お金がない状態を楽しめますか？

- リストラで失業しても、そのことをネタだと楽しめる
- 月収の3分の1を本代に充てられる
- 新築で買ったマンションを売却し、築30年のボロアパートに住むことができる
- 車を手放して、スクーターに乗り替えることができる
- 年収が今の半分になっても、おもしろそうな会社への転職を決断できる
- 収入が月10万円でも生きていける

役に立った対価ですから、人の役に立てない人が愛されるのかというのも疑問です。

あるいは、「人生はお金だけじゃない」という人がいます。では、そんな人は、自分の恋人を目の前にして、「人生は恋愛だけじゃない」と言うのでしょうか。そんなことを言ったら恋人は悲しみますよね。お金も同様に、そんなことを言ったら悲しんで遠ざかってしまいます。

ちょっとスピリチュアルですか？　もっと具体的に言いましょう。「人生はお金だけじゃない」といって稼げないことを正当化する人は、稼ぐための意識が普段から薄いし、知恵を働かせようとしていないため、お金が遠ざかるのです。

繰り返しになりますが、他者に貢献してこそお金がもらえるわけですから、「お金じゃない」という人は、他人への貢献意欲が低い、自己中心的な人間である、とも言い換えることができます。つまりよくいわれる「お金に嫌われる」人、ということです。

もっと欲望に素直になって、道具としてのお金を好きになりましょう。そうすれば、お金は世界を巡り巡って、あなたのところにやってきます。

三田紀房氏による『マネーの拳』（小学館）というマンガがあります。

元ボクシングチャンピオンが引退後、飲食店を始めるも、うまくいかずに悩んでいる。そんな中、ある大富豪に出会い、彼からビジネス成功の教えを受けながら、のし上がっていくというストーリーです。

その中で、その大富豪が唱えるこんなセリフがあります。「私はそこそこ利益が上がりそうな事業なら、3分あれば10は思いつく」

これがビジネスにかける想いの違い。普段からの意識の違い。頭の使い方の違い。この差が、貧乏人とお金持ちを分かつのです。

お金が好きな人のところにお金はやってくる

あとがき

マンガ『鋼の錬金術師』（スクウェア・エニックス）では、「等価交換の原則」が全編に貫かれた思想として描かれています。つまり、何かを得ようとすると、同等の何かを犠牲にしなければならないということです。

ひるがえって、私たちの生活の中にも、たくさんの等価交換が隠されています。いわゆるトレードオフ（あちらを立てればこちらが立たない）というものです。

手持ちの予算には限りがある、時間にも限りがある、割ける労働力にも限りがある。だからすべてを満たすことはできない。仕事でも日常生活でも、つねにそういう状況下での決断を迫られています。

自分は、この場面では何を選び、何を捨てるのか。そんな取捨選択を繰り返して私たちは行動しています。そのトレードオフ状態での決断は、好き嫌いを含めた「価値観」に基づいてなされているはずです。

もちろん、人によって、あるいは対象によって、何を優先させれば最も満足度が高まるかは異なりますが、もし、今の自分の状態に満足できていないのであれば、今まで下してきた数々の選択や決断が、適切ではなかったのだということができます。

ということは、その拠りどころとなる価値観が適切ではなかったといえるのではないでしょうか。

だから、自分の価値観を、自分が目指す結果に向かうように、少しずつ修正していく必要があります。

それにはどうすればいいかというと、月並みですが、やはり「人や本と出会い、自分の頭で考えて、実践する」ことだと思います。

私もまだまだ未熟ではありますが、成功者と呼ばれる人たちとの交流や、さまざまな書物から学び、自分なりに考え、実践を心がけてきました。そんな中から、私の価値観が少しずつ醸成されてきました。

そのひとつの例が「学び、稼ぎ、返す」です。私はつねに、この三原則に基づいて人生を送りたいと思っています。

私がなぜ、事業という形で社会貢献をしたいと考えるかというと、まずは、それが感謝の言葉とお金という形で返ってくるからです。

次に、これは過去の著作にも一貫して書いていることですが、私は今まで社会から膨大な投資を受けてきたからです。

田舎から出てきたただの貧乏学生だった私が、今こうして東京で会社を経営できるまでになったのも、両親と家族をはじめ、友人、上司、先輩、同僚、後輩たちのおかげです。多くの人たちが有形無形の投資をしてくれたおかげで、私はここまでくることができました。

だから、今度は私がリターンという形で配当をする番です。

さて、本書では、あえて刺激の強い言葉を選んで使ったところが何か所かあります。きっと、賛否両論含めていろいろな感情を抱いていただいたと思います。

次はその感情をきっかけに、自分なりに考え、自分の意見を持ち、実践してみていただければと思います。そうすれば、きっと周りに変化をもたらし、いつもと異なる結果をあなたにもたらしてくれるでしょう。

２００９年１月　午堂　登紀雄

あとがき　文庫化にあたって

本書が最初に世に出たのは2009年ですから、今から13年も前のことになります。あれから私も公私ともに大きく環境が変わり、お金の使い方も当時とは異なっています。

2011年3月の東日本大震災に伴う原発事故をきっかけに、「オフィスを構え、そこに通勤するのは身動きが取れなくなる」と考え、会社経営をやめて一人会社の自営業という形態に変えました。

そしてオンラインで完結する仕事に軸足を移し、いつでもどこでも仕事ができるようにしてきました。

また、当時の1ドル80円台という超円高を活用し、通貨分散のひとつとして海外に不動産を持ちました。

不動産以外にも、再生可能エネルギーとして注目を集める太陽光発電所への投資も加速させています。

プライベートでは、結婚して子どもができたこともあり、遊び場所が少なく待機児童が多い都心を抜け出し、郊外に居を構えています。ただし、賃貸ではなく、ただのマイホームでもなく、１棟マンションを建ててその中の一部屋に住んでいます。

いわゆる賃貸併用住宅で、賃貸収入で住宅ローンの全額がまかなえていますから、住居費がまったくかかりません。これもやはり本文中でも述べた通り、いつでも身動きできるようにという考えからです。

このあとがきを書いている現在、新型コロナウイルスによる影響で、社会生活が大きく制約を受けていますが、こうした対策が功を奏し、収入的にはほとんど影響を受けずに済んでいます。

一方で、三密の回避などから、外食の機会は激減しました。友人知人と酒食を自由に楽しむことができないのは残念ですが、今はやむなしですね。

そうした変化を踏まえて本文を読み返してみても、本書の内容は色あせることはなく、今でも十分通用すると自負しています。

豊かな人生は、豊かなお金の使い方で実現します。しかし、豊かなお金の使い方は、豊かな心があってこそ実現するものです。

コロナでギスギスしがちな社会情勢ですが、だからこそ余計に、周囲に感謝と思いやりを持ち、発展的な未来のためにお金を使っていきたいと思います。

2022年1月　午堂　登紀雄

午堂 登紀雄　ごどう ときお

1971年、岡山県生まれ。中央大学経済学部卒。米国公認会計士。
大学卒業後、会計事務所、大手流通企業、
戦略系経営コンサルティングファームに勤務。
その後、独立起業し、起業家・個人投資家・ビジネス書作家として活動。
著書に、『33歳で資産3億円をつくった私の方法』（三笠書房）、
『お金の才能』（かんき出版）、
『「いい人」をやめれば人生はうまくいく』（日本実業出版社）など多数。

午堂 登紀雄 オフィシャルウェブサイト

https://www.drivin-yourlife.net/

参考文献

向谷匡史『人はカネで9割動く』（ダイヤモンド社／光文社・知恵の森文庫）
中谷彰宏『お金は使えば使うほど増える』（ダイヤモンド社）
西原理恵子『この世でいちばん大事な「カネ」の話』（理論社／KADOKAWA・角川文庫）
三田紀房『マネーの拳』（小学館）
佐藤富雄『大富豪になる人のお金の使い方』（大和出版）
中島薫『お金の哲学』（サンマーク出版）

鉄人文庫

「消費」を「投資」へ変える
頭の良いお金の使い方

2022年2月15日　第１刷発行

著　者　　午堂登紀雄
発行人　　稲村　貴
編集人　　平林和史
発行所　　株式会社 鉄人社
〒162-0801 東京都新宿区山吹町332
オフィス87ビル3F
TEL 03-3528-9801　FAX 03-3528-9802
http://tetsujinsya.co.jp/
デザイン　鈴木　恵（細工場）
印刷・製本　新灯印刷株式会社

ISBN978-4-86537-232-8　C0177